AF302560

SOMMAIRE

Pour ma fille Anna.
Pour François.
Pour l'avenir.

INTRODUCTION

Il faisait gris sur Aix-en-Provence. Nous marchions en direction de la voiture, un cartable à la main pour ma fille et un sac en cuir trop chargé pour moi, la ville était encore calme, lorsque nous aperçûmes des flocons tomber délicatement du ciel. Ils flottaient autour de nous en masse décousue, voltigeaient en effleurant nos joues comme des caresses, un spectacle rare en Provence.

Ce n'est qu'une fois installées dans la voiture que nous avons cherché les mots justes pour exprimer l'émotion ressentie : féérique, magique, attendrissant ? En réalité, cette douceur cotonneuse nous avait envoutées. Notre esprit s'était empli de félicité.
Cette nature qui se rappelle à nous en permanence quand on y porte attention m'émerveille chaque jour.

Elle m'a insufflée l'énergie de proposer une nouvelle société européenne. Un vivre ensemble plus révérencieux envers la planète - l'Équilibre environnemental - dont découlerait un mode de vie plus respectueux envers nous-mêmes ; le tout au sein d'une Europe plus petite, soudée, l'Alliance Europe Resserrée (AER) qui pourrait un jour s'agrandir à partir de ces fondations.

Cet ouvrage est ma contribution pour rassembler les européens autour d'un avenir responsable et durable, lutter contre les excès du capitalisme mondialisé, contre la surconsommation, revenir à ce qui compte vraiment dans nos existences.

Libre à chaque lecteur de se l'approprier, s'en inspirer, l'enrichir, pour construire le monde d'après.

PARTIE I : CONSTAT

CHAPITRE 1 : Gauche, droite, des concepts archaïques

1. Genèse des idéologies politiques

<u>Introduction des grands courants</u>

Les idéologies de gauche (socialisme, communisme) et de droite (capitalisme, libéralisme) se formalisent réellement au cours du XIXème siècle, même si certaines trouvent leur source intellectuelle bien plus tôt, dès l'antiquité. Ces idéologies dessinent les contours des sociétés que l'on imagine construire grâce à l'avènement de l'ère industrielle autour de 1840.
Le monde occidental est alors à l'aube d'une métamorphose technologique qui va bouleverser les sociétés en place. La racine de ce bouleversement est la production de masse, presque sans limite, et la capacité à acheminer des marchandises au plus proche des foyers. Il en découle une capacité décuplée à vendre des produits, gagner de l'argent, fructifier.

Ainsi, grâce à l'industrie et au transport, l'essor économique est brusquement immense. Davantage de biens sont produits, la consommation devient progressivement accessible à toute la population, le pouvoir d'achat augmente. La société de consommation est née. Cent cinquante ans plus tard, nous sommes empêtrés dedans… prisonniers d'une surenchère permanente.

De nombreuses interrogations ont émergé à cette époque. Comment partager ces nouvelles richesses ? Quel modèle du vivre ensemble dans un monde orienté autour de l'enrichissement personnel ? Sur quel équilibre baser les relations entre salariés et patrons ? C'est en cherchant des réponses à ces questions que les idéologies de gauche et de droite se sont forgées :

- Le communisme s'inspire de l'idée que l'on a tous les mêmes besoins, étant tous « du genre humain ». Au fond, nous serions tous parfaitement identiques. Le principe consiste dès lors à confier les richesses produites à un état souverain qui se charge de tout régenter au mieux, pour le bien commun de tous, de façon homogène.

- Le socialisme défend lui aussi une gestion centralisée des richesses mais concède une part de moyens à chacun, reconnaissant ainsi une part d'individualisme. La société est conduite par un état puissant qui gère les besoins collectifs grâce aux richesses produites et concède aussi une part restante à chacun.

- Le capitalisme promet à tout individu d'acquérir du capital, du patrimoine, grâce à son travail, pour progresser et s'enrichir personnellement. La collectivité est reléguée au second plan.

- Le libéralisme prône un monde basé sur le commerce des biens et produits, avec peu de contraintes. Le marché s'autorégule, s'autonourrit, s'auto-équilibre. L'idée phare est la liberté de commercer sans entrave. L'état n'existe plus.

Ces idéologies ont structuré les réflexions, dessiné les contours des civilisations modernes et apporté du sens au progrès technique. Ce sont ces visions qui ont nourri le XXème siècle.

Toutefois ces idéologies expriment les solutions du « comment vivre ensemble et répartir les richesses de l'époque ». Au XXIème siècle, en Europe particulièrement, ces notions de gauche et droite sont devenues obsolètes :

- Le communisme a fait 65 millions de morts.

- Le socialisme a eu la vertu de créer des services communs comme l'école pour tous, l'accès à la santé, le revenu de solidarité active, mais le système est devenu irresponsable : les dettes se sont accumulées créant de plus en plus de services sociaux que nous ne pouvons plus payer. Nous empruntons quotidiennement. Nous vivons au-dessus de nos moyens. Si nos créanciers cessent de croire un jour en notre capacité à rembourser, les taux d'intérêt flamberont comme ce fut le cas en Grèce… menant la France et l'Europe au bord de la ruine.

- Le capitalisme et le libéralisme ont permis la croissance, l'innovation, l'avènement de grands entrepreneurs, la progression dans l'échelle sociale. Mais ils se sont emballés. Ils ont créé des bulles financières, des paradis fiscaux, de l'argent virtuel qui vaut plus que le travail des femmes et des hommes. Cela a conduit à la crise des subprimes en 2011, c'est-à-dire un chômage de masse, des dettes, des logements vacants, la déstabilisation des banques. Une crise mondiale.

Il est temps de proposer autre chose, innovant, hors de ces grands courants de droite et de gauche. Outre leur obsolescence, ces idéologies sont devenues clivantes. Elles alimentent des débats anachroniques où certains font encore référence à Jaurès pour illustrer l'engagement social, alors que d'autres se réclament de De Gaulle pour son courage républicain.
Mais les enjeux ont changé !

Le capital a gagné, qu'on le veuille ou non. La mondialisation est en place. La planète est en souffrance (pollution, climat déréglé, biodiversité en berne, etc.). Il est temps d'inventer de nouvelles idéologies, dépasser ces concepts archaïques pour inventer le « vivre ensemble » du XXIème siècle.

2. Le capital gagnant

Le capitalisme a gagné presque partout sur la planète. Il suffit de regarder hors des frontières françaises, les taux de croissance soutenus attestent de l'essor :
- du Brésil : 7,5% de croissance en 2010 puis redescendant autour de 2%,
- de la Chine : 10% entre 1990 et 2012 puis environ 7,5%,
- de l'Inde : 8% entre 2003 et 2011, puis 5,4% en 2014.

Tous les pays de la planète veulent plus de croissance, de pouvoir d'achat, de consommation, de confort de vie. Tous s'imaginent vivre comme les « Desperate Housewives », installés dans de grandes maisons, dialoguant sur ordinateur par-delà les continents, achetant des biens de consommation (voitures, vêtements, bijoux, parfums, etc.), échangeant une villa au bout du monde pour leurs vacances idylliques. C'est ainsi, tout le monde veut plus de capital « pour soi ». Une habitation, un véhicule, une tablette, des tenues nouvelles chaque saison, une nourriture variée, un téléphone dernier cri, etc.

Peu importe si c'est bien ou pas, si c'est ce que l'on attendait de l'espèce humaine ou pas. La réalité ne peut pas se draper derrière un jugement moral. Le monde a choisi le capitalisme.

On peut bien sûr s'interroger sur l'essence intrinsèque de l'Homme. Cette idéologie capitaliste le reflète-t-il ? Un besoin de progresser, une volonté de possession, un désir insatiable d'avoir plus, de repousser les limites. D'une certaine façon, la victoire capitaliste pourrait être perçue comme une victoire humaniste : celle de l'Homme qui avance.

L'être humain ne serait pas un mouton. Chacun à titre individuel, avec sa propre réflexion, essayant de créer sa propre vie, avec sa liberté en toute autonomie, avec sa volonté et son travail. Nous serions acteurs de nos destins.

Sauf qu'au final, choisissant tous la voie de l'individualisme et de la consommation, nous nous retrouvons tous - peu ou prou - à faire les mêmes choses au même moment. C'est le paradoxe implacable ! Ces individualismes, mis bout à bout, génèrent une société d'individus qui se vêtissent de la même manière dans des chaînes internationales à bas prix, regardent les même programmes TV, mangent les mêmes plateaux de sushis. L'interaction des uns avec les autres tisse avec nos individualismes un monde qui nous permet de vivre notre idéologie du capital.

Le capitalisme domine le monde et il a émergé des hommes. Il répond, au moins partiellement, à leurs attentes. Que ce soit la partie occidentale du monde qui a sauté dedans à pieds joints il y a plus d'un siècle ou le reste des continents en voie de développement : Asie, Amérique du Sud, Moyen Orient. Ils s'enrichissent à grande vitesse, ont soif de croissance et de confort matériel.

Or ce modèle devenu mondial s'essouffle... Il était bancal dès sa genèse. Il possède des limites que personne n'a voulu voir, ou plutôt des limites qui ont été gommées volontairement.

3. A bout de souffle dans un monde sans croissance

L'économie mondiale s'appuie sur l'exploitation massive des ressources naturelles. Si l'on admet que la Terre est un espace géographique fini, dont les frontières et les continents sont tracés strictement entre les peuples, on admet aussi que les ressources disponibles pour chaque pays sont finies – au sens où leur périmètre n'est pas extensible ad vitam. La quantité de matière première disponible par pays est restreinte à son propre territoire.

Prenons la croissance occidentale. Elle s'est d'abord appuyée sur ses richesses internes, celles de ses régions. Ayant atteint les limites de l'exploitation localement, l'Europe est allée puiser des ressources à l'extérieur, moins chères, dans les colonies d'abord, puis dans les pays plus pauvres avec la délocalisation d'entreprises, en Asie notamment. Cela a permis une croissance économique régulière – avec des effets contrastés d'un point de vue éthique : impérialisme, asservissement de populations, etc. Mais la croissance prédominait.

Cette croissance infinie était une illusion dès le départ. Cette époque transitoire où des ressources inutilisées existaient « ailleurs » est aussi révolue. Les pays émergeants utilisent désormais leurs propres ressources, ils n'ont plus besoin de notre présence, créent leurs entreprises, gardent leurs profits. La croissance occidentale est à l'arrêt. Les pays anciennement pauvres accèdent à la consommation de masse... et les impacts sur le modèle économique occidental vont durer.

Avec le progrès technique, on pourrait en théorie puiser des ressources n'importe où et les acheminer facilement chez soi, comme une nouvelle aubaine technologique. Sauf que l'on est restreint à son espace géographique… sauf à remettre en cause la paix mondiale.

Dès lors, la croissance infinie n'existe plus. Y avoir cru était un leurre. Les délocalisations une course en avant pour ne pas affronter la réalité : la croissance infinie n'existe pas. Et n'existera jamais.

C'est pourquoi les entêtants « il faut retrouver la croissance » assénés par les politiques sont au mieux des incantations - sans croissance, nous serons un jour la proie des financiers - au pire des mensonges.
Ce n'est pas la solution à nos problèmes, c'est encore un aveuglement. Les ressources sont limitées, la croissance européenne est bloquée, la croissance mondiale le sera aussi tôt ou tard.

En faisant sauter toutes les frontières commerciales, la mondialisation nous a rappelée ironiquement notre propre limite géographique. La croissance en France évolue peu :
-    0,2% en 2012,
-    0,6% en 2013,
-    0,4% en 2014.
Elle n'augmentera plus tellement à l'avenir.
Elle a atteint 1,1% en 2016, son plus haut niveau depuis 4 ans, mais ne reviendra pas aux années prospères 1950-2000 où la croissance s'envolait à 4, 5, 6, 8% ! Entre 1960 et 1974, la France était à 5,6% par an ! Mathématiquement cela a créé beaucoup de richesses.

Le dernier « record », proche des 4%, date de 2000 avec 3,9%... il y a 20 ans !

Il est temps de changer de paradigme.
« Faire face » comme disait Guynemer, pilote de la première guerre mondiale. La croissance perpétuelle est impossible, ce modèle économique est arrivé à son paroxysme. Alors comment vivre dans un monde à faible croissance ?

Le recentrage de l'économie autour de notre espace environnemental ne rend pas la situation économique dramatique, à condition d'y poser un regard neuf. En France comme en Europe, nous bénéficions d'un territoire exceptionnel. Composé de fleuves, montagnes, champs, prairies, mers, le climat y est tempéré. Les capacités y sont réelles, clémentes et belles. L'Europe est une enfant gâtée qui a pillé les autres pour nier les réalités. C'est terminé.

L'environnement est son atout de demain.

4. Signaux d'alerte

Il y a 12 ans déjà, en 2005, un film intitulé « Le cauchemar de Darwin » illustrait l'engrenage terrible du capitalisme mondialisé.

Il racontait l'introduction d'un nouveau poisson en Afrique, la perche du Nil, pour maximiser les profits. Ce poisson grossit très vite, s'alimente de tout, il devient immédiatement rentable.

La perche est donc introduite dans un lac d'Afrique, s'y développe abondamment et extermine petit à petit tous les poissons endémiques… Résultat : les populations locales sont affamées, ne bénéficiant plus de leur pêche locale. Des avions étrangers affluent pour exporter ces perches vers les marchés extérieurs riches. Les exploitants perdent cependant un peu de marge durant le trajet aller car leurs avions arrivent vides. Une solution économique est trouvée : les avions seront remplis d'armes à l'aller pour approvisionner les guerres régionales et accroitre le profit financier des exploitants. Les pilotes recrutés ressemblent davantage à des mercenaires qu'à des pilotes, il faut les distraire entre deux vols. Une solution là encore est trouvée : les femmes africaines des alentours vont se livrer à la prostitution pour survivre. Le virus du sida étant présent, il va se diffuser rapidement et semer la mort autour de lui.

Toute une région s'est ainsi retrouvée pillée, malade, à feu et à sang pour dégager du profit financier à un petit nombre de personnes. C'est le pire du pire du capitalisme.

Il détruit l'écosystème, appauvrit les populations locales, ne recule devant rien moralement pour maximiser le gain. L'horreur économique.

En Europe aussi, nous avons reçu moult signaux qu'il était temps de réinventer le modèle économique en introduisant la finitude des ressources :

1. 97,6% de dette publique en France à la fin du troisième trimestre 2016.

2. Crise mondiale des subprimes : née aux États-Unis, elle touche l'Europe en 2008. La BCE est impactée,

la banque d'investissements Lehman Brothers fait faillite, l'Irlande entre en récession, l'Islande est en crise, la Grèce sollicite une aide du FMI, les plans d'austérité se multiplient comme en Italie. L'interdépendance des pays endettés est criante.

3. Ruine grecque : la dette publique atteint 180% du PIB en 2015[1], soit 312 milliards après un premier effacement de 107 milliards en 2012 via le plan de restructuration européen ! Les retraites diminuent de 15% depuis 2010 pour les plus faibles et de 44% pour les autres. Les effectifs de la fonction publique baissent de 25%. Le pays est exsangue.

4. Afflux de migrants :
    a. 850.000 personnes arrivent par la mer en Europe en 2015, alors qu'il y en avait 123.500 en 2014[2].
    b. 30.816 personnes sont mortes depuis 2000 en voulant atteindre l'Europe[3] !
    c. 3.800 ont péri noyés en Méditerranée en 2016 selon l'ONU. Le déséquilibre est mondial.

5. Croissance plate en Europe :
    a. 1,7% en 2011,
    b. -0,5% en 2012,
    c. 0,0% en 2013,
    d. 1,3% en 2014,
    e. 1,5% en 2015.

---

[1] Chiffres Natixis
[2] Données Frontex
[3] The migrant files

6. Chômage des jeunes excessivement élevé en Europe : 20,4% en août 2015. Ils sont l'avenir, pourtant ils sont sans perspectives.

Ces signaux d'alerte doivent être pris au sérieux. Voici un focus sur les 4 maux qu'ils révèlent.

1. Augmentation des dettes

Tout est fait « pour » l'économie, et pourtant l'économie disjoncte !

L'Europe et la France vont mal. Avec plus de 2.000 milliards d'euros de dette publique, la France doit à ses créanciers près de 100% de sa richesse annuelle, 100% de son PIB.
Cette dette publique, répartie sur les adultes, pèse 40.000€ par personne[4]. C'est pire si on la répartit sur les seuls actifs, hors retraités[5], elle pèse alors 71.000€ par personne.
Quid de l'endettement des collectivités, qui est comptabilisé à part mais devrait en toute logique s'ajouter à la dette publique pour consolider un montant global ? Difficile d'obtenir une vision complète du gouffre financier public qui pèse sur nos épaules.

L'élite nous a endettés, sans résoudre les problématiques.

---

[4] 75% de la population a plus de 18 ans, soit 50 millions d'adultes sur 66
[5] Soit 28 millions de personnes en moins

1971 est la première crise économique issue de la limitation des ressources naturelles. Le pétrole vient à manquer parce que les pays du golfe persique décrètent un embargo contre les pays amis d'Israël[6]. Les prix flambent brusquement de 3 à 12 dollars, 4 fois plus cher. Au lieu de mettre sur la table la question de la dépendance énergétique, diversifier les sources d'énergie, réduire les consommations individuelles, les élites ont choisi de détourner les yeux. Ils ont emprunté pour masquer la réalité et rassurer leur électorat, acheté plus cher et construit un décor en carton-pâte faisant croire que la société pouvait continuer à se développer sans rien changer.

C'est oublier l'effet papillon.
La pénurie de pétrole a créé le réflexe politique de s'endetter pour maintenir un modèle économique basé sur la croissance, et pour endormir le peuple plutôt que de l'accompagner dans une remise en question. Ce réflexe d'endettement ne s'est plus jamais arrêté… car il convenait aussi à la population, contente de voir son niveau de vie augmenter.
L'aveuglement conduit par les élites a été accepté par les citoyens.

Il aurait fallu introduire à ce moment-là la notion de raréfaction des ressources et de partage nécessaire, introduire la consommation énergétique responsable, développer les transports en commun. C'était possible. Valéry Giscard d'Estaing a failli aller dans ce sens lorsqu'il a adopté en 1975 le changement d'heure pour

---

[6] Guerre du Kippour Israël/ Égypte

réduire les besoins d'éclairages le soir. Mais ce n'est pas allé plus loin.

La maîtrise des finances publiques s'est arrêtée.
L'état - hors comptes sociaux et fonction territoriale (ce qui n'est pas simple à comprendre car on saucissonne l'argent public[7]) - perçoit environ 300 milliards d'euros de recettes chaque année[8] et en dépense 400 milliards !
C'est insoutenable.
Et c'est bien pire si on cumule le budget de l'état avec les comptes sociaux et les dettes territoriales …

Les politiques nous conduisent dans le mur de la dette, une bulle financière européenne prête à éclater, qui peut conduire à des destructions brutales de valeur, l'appauvrissement de la population, et des conditions de vie brusquement beaucoup moins favorables.

2. L'environnement en souffrance

Durant cette période de croissance, nous avons écarté la défense de l'environnement comme élément clé de la chaîne de production. En autorisant le rejet de substances toxiques dans l'air, les rivières, la mer, nous avons fermé les yeux sur les risques et les dégâts sur la nature. Dans l'industrie, nous avons consommé des ressources abondamment, saccageant pour « tout de suite », sans replanter, sans préserver. Nous avons

---

[7] Budget de l'état : éducation, police, justice, recherche, culture, etc. ; comptes sociaux : sécurité sociale et retraites ; fonction territoriale : dotation de l'état pour les communes, départements, régions.
[8] impôts, TVA, etc.

produit des tonnes de déchets sans les réutiliser. En enfouissant. En les brûlant. Rapide et pas cher.
Nous avons créé un monde où seule la <u>valeur immédiate</u> créée comptait, qu'importait ce que l'on détruisait au passage dans notre environnement.

Cet environnement qui nous fournit à manger, à boire, a été piétiné.

Pourtant l'impact négatif de la croissance effrénée sur l'environnement est connu depuis 25 ans, comme le montre par exemple le nucléaire.

En 2011, un puissant séisme secoue le Japon, suivi d'un tsunami. La centrale nucléaire de Fukushima est endommagée, de graves fuites radioactives sont détectées. Cet accident est classé niveau sept, le niveau maximal. Les conséquences sanitaires exactes sur la population, la contamination des terres et des écosystèmes marins ne seront connues que dans plusieurs années.
En 2013, deux ans plus tard, on apprend l'inéluctable : il persiste des fuites radioactives qui s'écoulent inlassablement et souillent les océans de la planète…

Suffit-il de jouer les vierges effarouchées pour ne pas approfondir la question des déchets et des risques de pollution ?

L'incident nucléaire de Fukushima est intervenu 25 ans après Tchernobi en 1986.
Il rappelle ce que l'on s'acharne à oublier : l'homme ne maîtrise pas cette puissance. Le nucléaire le dépasse. C'est un « Frankenstein », un monstre ingérable qui

certes produit une énergie dé-carbonée. Mais lorsque le nucléaire s'emballe, nous sommes incapables de le contenir. Les dégâts environnementaux sont irrémédiables.

Alors pourquoi utiliser encore aujourd'hui des centrales nucléaires ?

Cette technologie est actuellement présente dans des sous-marins nucléaires russes issus de la guerre froide qui pourrissent en mer Baltique, ou dans des déchets américains abandonnés sous la glace du Groenland. Ils menacent de polluer l'océan. Les centrales françaises contiennent des matières nocives, ont des structures vieillissantes qui risquent d'être moins étanches un jour, cependant rien n'est prévu financièrement pour les démanteler ni les consolider.
Peut-on raisonnablement parler d'énergie peu chère en occultant ces coûts de sécurisation pour des années ?

Avec Tchernobil il y a 25 ans, on connaissait déjà l'impact dramatique du nucléaire sur l'environnement. Pourtant rien n'a changé.

Les catastrophes naturelles se multiplient car l'environnement a été fragilisé, déséquilibré. Ces catastrophes engendrent des coûts de plus en plus astronomiques pour l'état, les collectivités, les assurances, les mutuelles. Les impacts vont devenir très concrets sur le portefeuille car les tempêtes se multiplient, les inondations, les sécheresses, les incendies... donc le risque lié au nucléaire grandit lui aussi.

L'environnement est abimé par notre activité économique infernale : fonte des glaciers, élévation du niveau de la mer, sécheresses extrêmes, déforestation, extinction d'espèces, conflits de ressources, famines, flux de réfugiés climatiques, etc.

Il est temps de rétablir un équilibre et de rendre à la nature un peu de ce qu'elle nous donne gratuitement.

3. La cupidité rend fou

Autre raison de changer, ce système économique rend fou de cupidité - au sens propre du terme.
Prenons le scandale de viande bovine qui éclate en 2013 à propos de lasagnes surgelées. En réalité, c'est de la viande chevaline qui a servi d'ingrédient.
L'histoire est surréaliste. Il est difficile de tracer le parcours exact de cette viande, tant le bon sens à disparu…

Une entreprise du Luxembourg commande de la viande de bœuf en France, qui sous-traite l'achat à Chypre pour faire plus de marge[9], qui décide elle-même de sous-traiter aux Pays-Bas, qui sous-traite à la Roumanie ! Toujours pour accroitre la marge et gagner de l'argent, on finit par faire n'importe quoi. Le produit acheté n'est plus le produit souhaité, c'est devenu du cheval.

---

[9] Marge = prix vendu – coût de fabrication. C'est le gain. Par exemple, pour une baguette : prix vendu = 0,80 – coûts de fabrication = 0,25€ ➜ marge = 0,55€. Ici la marge représente 69% de prix vendu, c'est élevé. Le client est un pigeon. La marge moyenne se situe entre 25 et 30%.

Le consommateur final est blousé, mais des entreprises successives se sont enrichies au passage.

Que s'est-il passé ? A un moment donné, le coût de la viande bovine ne pouvait plus descendre pour un intermédiaire. Alors, pour gagner malgré tout de la marge, quelqu'un dans la chaîne a menti en introduisant de la viande de cheval dont le coût est inférieur au bœuf.

Là encore rappelons-nous la crise de la vache folle des années 1990, il y a déjà 25 ans !

Certains éleveurs alimentaient les vaches, mammifères herbivores, avec des restes de viande au travers de farines animales car elles étaient moins chères. On ne peut pas tolérer une telle incohérence biologique qui a déclenché des maladies mortelles chez l'homme et l'animal. La maladie de la vache folle pour les animaux et la maladie de Kreuzfel-Jakob pour l'homme sont une forme de dégénérescence du système nerveux.

Tout ça parce que l'homme à fait manger de la viande à des animaux herbivores !

En février 2013, c'est pourtant le choc : l'UE autorise le retour des farines animales.

L'UE actuelle n'est qu'un marché géant, elle n'est pas l'avenir. Le territoire européen en revanche est porteur d'espoir. Comme le dit Stéphane de Rozès, « l'UE est le cheval de Troie du capitalisme en Europe ». Tout devient marchandise. Tout se monnaye.

On connaissait il y a 25 ans les dérives de l'alimentaire industriel.

Pourtant rien n'a changé.

Il est temps.

4. Une élite décadente

La crise du modèle actuel est enfin concrétisée par nos élites politiques. DSK, candidat socialiste favori à la présidence de la République en 2012 est accusé d'agression sexuelle et de proxénétisme en 2011. Cet homme, socialiste de surcroit (pour la défense des classes populaires), paye et méprise le corps des femmes, fréquente « Dodo la saumure » puis serre la main des chefs d'état du monde entier. Les bras m'en sont tombés, comme à la majorité des français... particulièrement des femmes.
Comment la France a-t-elle pu permettre qu'un tel homme, finalement condamné à verser 10.000€ au Nid (association contre la prostitution) pour « domination où la femme n'était qu'un objet sexuel » soit candidat à la présidence ? De quelle complaisance a-t-il bénéficiée au cours de son ascension ?
Il y a un dysfonctionnement intolérable de la caste politique et des médias. Une omerta s'est appliquée.
Comme à l'époque de Mitterrand et de sa fille cachée.
C'était en 1994, il y a 20 ans déjà.

Les années passent mais le système ne change pas.
Il faut atteindre le caniveau pour espérer un sursaut.

Plus récemment, en 2013, un autre scandale éclate : Cahuzac, ministre du budget, a caché son argent en Suisse. Quel cynisme ! L'homme qui prélève l'impôt aux français organise la fuite de ses propres deniers.

Mais tous les courants politiques sont concernés, de N. Sarkozy qui pousse son fils à l'Epad[10] alors qu'il n'est pas encore diplômé, à Hollande qui place son ex-femme, Ségolène Royal, à la banque d'investissement (institution officiellement neutre et non politisée). Il y a du favoritisme à tous les étages. Que dire des Balkany et leurs multiples villas cachées derrière des sociétés prête-nom pour frauder le fisc ? De Montebourg qui a déclaré un bien de 900.000€ lors de sa nomination à Bercy… puis le met en vente à 1.350.000€ en sortant du gouvernement !

L'élite ment sans ciller.
Agnès Saal, directrice de l'INA, dépense 40.000€ de taxi en 6 mois, et aurait dépensé 400.000€ en sept ans lorsqu'elle était directrice du Centre Pompidou. Encore notre impôt.
Thomas Thévenoud, secrétaire d'État, n'aurait pas payé le loyer de son appartement parisien ni les contraventions de son véhicule de fonction durant trois ans pour phobie administrative !
L'éthique et l'exemplarité ont disparu chez nos élites. Leur propre intérêt prime.
Qu'est devenu l'intérêt commun ?
Depuis 30 ans, aucune réforme n'est menée, la population est endormie, les dettes creusées, où est passé l'état stratège ? Celui qui anticipe, crée de la cohésion, nous protège ? Qu'est devenu le courage politique ? Comment la population s'est-elle endormie à ce point ?

---

[10] Établissement public d'aménagement du quartier d'affaires de la Défense

En mai 2014, au lendemain des élections européennes qui ont montré le rejet des français pour les gouvernements successifs[11], l'affaire Bygmalion éclate. Un système de fausses factures pour 11 millions d'euros aurait été mis en place pour financer la campagne présidentielle de Sarkozy, dépassant le plafond légal fixé à 22 millions.

Qu'auraient été les scores de ces européennes si cette révélation était sortie la veille des élections ?

Les médias et les politiques se sont tus. C'est de la manipulation de masse.

Il faut bouger. Maintenant. Radicalement.

---

[11] 56% d'abstentionnistes, victoire des eurosceptiques, le FN atteint 25%

CHAPITRE 2. L'alternative durable

1. Retour en force de la nature

Les pays émergeants atteindront bientôt les mêmes limites du modèle capitaliste : dettes, dégâts environnementaux, dérives pour gagner toujours plus, décadence des élites, perte de sens et de solidarité.

L'équilibre environnemental que je propose est un modèle de société qui remet l'homme et la nature au cœur de ses choix. Il réintroduit du bon sens. Extraire des ressources de la planète pour vivre confortablement, certes, tout en préservant un seuil nécessaire pour assurer les lendemains et préserver la beauté de l'environnement.
L'équilibre environnemental n'est pas une logique du court terme, c'est « penser pérenne ». On admet que nos actions d'aujourd'hui sculptent la France et l'Europe de demain et on décide d'agir en responsabilité. On se préoccupe des générations futures.

En intégrant les aspects environnementaux dans toutes nos décisions - quantité restante, risque de pollution, impact sur la biodiversité, etc. - nous préservons notre santé d'aujourd'hui et la qualité de vie collective pour le futur.

L'équilibre environnemental est un équilibre subtil entre la nature et le confort humain, entre le confort humain et la maîtrise des dettes. La pierre angulaire de cet équilibre est l'intégration de l'environnement en Europe comme facteur clé des stratégies économique, politique, sociale. L'environnement retrouve une valeur dans tous les cercles de réflexion et de décision.

Prenons l'illustration de l'équilibre environnemental à travers la consommation responsable, mouvement majeur déjà amorcé. Ce n'est pas une lubie « écolo » comme cela a parfois été moqué. C'est un engagement sincère d'individus qui refusent les méfaits de la surproduction sur l'environnement, les animaux et finalement sur l'homme.

Convenons que le système de production alimentaire est devenu absurde : produire des poulets à la chaîne qui ne voient plus la lumière du jour, ne marchent plus, sont entassés les uns contre les autres, n'ont aucune saveur pour nos papilles. Les os se détachent comme un jeu de mikado, plus de muscles pour les tenir.
Où est le bon sens ?
L'animal a été réduit à un bien de consommation de masse et l'humain y perd jusqu'à son goût ! Sous prétexte de produire plus, on produit un aliment sans valeur gustative, la protection des animaux est honteusement bafouée… C'est un non-sens total.

Adopter l'équilibre environnemental, c'est tout l'inverse. C'est garder un œil sur le cycle naturel.

Pour poursuivre l'allégorie, l'équilibre environnemental consiste à traiter le poulet avec respect et responsabilité, pas comme un vulgaire objet de consommation. C'est un animal, un être vivant qui grandit, se développe, se reproduit.

Certes l'élevage à l'air libre prend plus longtemps et coûte plus cher. Et alors ?

C'est pour le bien de tous : celui de l'animal, du producteur, du consommateur qui peut se regarder dans une glace.

Consommer moins, mais consommer mieux. Chaque fois que l'on mangera du poulet, on saura que l'animal a vécu décemment, on retrouvera une texture ferme, du goût, ce sera un plaisir qui sera apprécié à sa juste valeur.

Les français et les européens aspirent de plus en plus à une nourriture saine comme en témoigne l'essor du bio. En Europe, l'agriculture bio est passée de 5,7 millions d'hectares en 2002 à 9,6 millions en 2011, une hausse de 68% !

C'est 500.000 hectares de plus par an [12].

Le chiffre d'affaires du bio a lui triplé entre 2005 et 2013 en France, passant de 1.5 millions d'euros à 4.5 millions[13].

L'équilibre environnemental, c'est aussi choisir une direction qui n'a pas pour baromètre le seul profit, mais examine d'abord les impacts sur la planète et sur les vivants.

En accompagnant cette évolution culturelle profonde au sein de la population, on donne du sens au vivre ensemble, on crée du respect pour la vie animale et végétale, pour notre lieu de vie. C'est un chemin empreint d'une forme de gratitude envers la nature.

---

[12] Site synabio, données de la commission européenne europa.eu
[13] Source agencebio.org

De la même manière, les citoyens s'ils ont le choix préféreront toujours se promener sans tousser, ni avoir les yeux qui piquent ou des plaques d'urticaire, sans humer les gaz des pots d'échappement. Pourtant les habitants subissent ces tracas dans les grandes villes comme une fatalité. Non.
Arrêter de polluer, c'est possible.

Il en est de même de nos habitats. On a négligé l'impact de l'urbanisation sur notre état général, notre ressenti psychologique, notre bien-être personnel et familial. On a bétonné les villes à outrance, construit des immeubles serrés les uns aux autres, hauts de plus de 10 étages. On a bouché les perspectives, bouché la lumière, bouché nos esprits.
Et les jardins ? et la flore ? et l'espace ? dans tout cela ? Où est l'équilibre ?

Se réapproprier la ville comme un lieu de vie clément et hospitalier, c'est aussi mettre en œuvre l'équilibre environnemental car c'est rendre sa place à la nature dans nos vies.

La nature possède une valeur apaisante.

2. L'environnement, clé du bien-être

En outre et malgré le confort matériel actuel, l'Europe est morose. Nombre de français sont sous anxiolytiques, on observe une surconsommation de médicaments. Ainsi, les français figurent parmi les plus gros consommateurs de médicaments en Europe, environ 30% au-dessus de la moyenne, même si la progression a ralenti ces dernières années. On trouve de nombreux arrêts maladie pour dépression, « burn-out » professionnels, violences familiales et urbaines. La solitude et la précarité explosent.
La liste des dégâts sur l'humain est longue.

Or quel est le sens ultime d'une vie ?
Le confort matériel actuel est utile mais il ne conduit pas à l'épanouissement de l'Homme. Le capitalisme a son apogée produit l'inverse : l'asservissement de l'humain.
Il manque clairement un cran au rouage du bonheur...
C'est l'environnement.

Mettons les mots sur la perte de sens pour l'Homme afin de créer le modèle environnemental.

3. Le projet avec l'Europe

La France et l'Europe sont en avance sur ce modèle environnemental de société car elles ont commencé à ressentir les écueils du système capitaliste.
Le modèle d'équilibre environnemental est vaste, il redonne du sens, fait confiance à l'homme, prône une attitude responsable économiquement et écologiquement. C'est un projet de vivre ensemble qui

rejoint l'expression de Pierre Rabhi intitulé la « sobriété heureuse ».

L'équilibre environnemental est un espace économique prospère, respectueux de l'environnement (on puise ET on redonne, on ne pollue pas), autonome en énergie, qui favorise l'alimentation responsable. Un espace qui met toujours au cœur de ses décisions l'homme et la nature, qui laisse du temps au temps.

Enfin, c'est un espace de création et d'innovation qui donne sa place aux hautes technologies. Garder du bon sens ne veut pas dire retourner à l'âge de pierre.

Dans le chapitre « Actions », les projets concrets à mettre en œuvre pour donner corps à cet équilibre environnemental en France et en Europe sont décrits. Avant cela, le chapitre « Les freins » met un coup de projecteur à ce qu'il nous faut dépasser pour réussir cette mutation de modèle.

CHAPITRE 3. Les freins français

Malheureusement il reste un décalage entre l'évolution citoyenne en cours et les verbatim des médias et des politiques. Un abyme peut-être.
Au lieu de vanter la réintégration de considérations environnementales dans nos modes de consommation, les politiques n'en parlent pas car ils sont obnubilés par le système en vigueur ; les médias les stigmatisent en « néo-bobos ». En réalité, il s'agit d'un élan puissant des citoyens.

Philosophes, journalistes, politiques, influenceurs seraient bien inspirés d'aider à faire mûrir le débat sur la scène publique. Discuter autour de l'équilibre environnemental sans rires moqueurs ni caricature. Évoquons ses atouts, ses défauts, ses freins. L'heure est au nouveau paradigme.

Il faudra bien débloquer les freins internes à la France pour avancer, principalement le système politique, le mythe du modèle social et la peur de l'avenir.

1. Le système politique

Les gouvernements français successifs ont ralenti la métamorphose de la société au profit d'intérêts personnels, de cupidité, d'habitudes, de pouvoir. Rien n'a changé depuis des décennies (précarité des banlieues, surpopulation carcérale, difficultés pour la justice et les hôpitaux, etc.) malgré un monde en totale mutation.

Cet immobilisme est voulu. Il ne faut pas se tromper.

Le gouvernement a acheté progressivement son électorat : fonctionnaires, syndicats, salariés des régimes spéciaux, allocataires d'aides diverses, budgets territoriaux : ils achètent des votes !

Car le système, au-delà de ses élites, s'incarne aussi par les fonctionnaires et employés des collectivités territoriales. Aujourd'hui, 1 actif sur 5 est un employé du secteur public. Le système politique nous a rendus complices et dépendants.

En 13 ans, l'emploi public a augmenté de 32% alors que l'argent manquait dans les caisses !
C'est un piège machiavélique qui s'est refermé sur nous, pour nous rendre comptables et prisonniers de choix gouvernementaux qui nous échappaient.

A ce titre, la question de la dette est fondamentale. Cet argent a endormi la conscience du peuple, de vous, de moi. L'argent public emprunté pour payer les salaires dont nous bénéficions tous, de près ou de loin, est en réalité un pot-de-vin.

Effectifs emplois publics	1990	2013	Évolution
État (gouvernement, éducation nationale, armée, etc.)	2,3 millions	2,5 millions	+7%
Territoriale	1,2 millions	2 millions	+67%
Fonction hospitalière	0,8 millions	1,2 millions	+50%
TOTAL emploi public	**4,3 millions**	**5,7 millions**	**+32%**

Réformer sera douloureux car cela nous touchera tous, puisque chacun connait un fonctionnaire, soit dans sa famille directe, soit éloignée.

Est-il normal que l'état augmente en même temps que les collectivités territoriales explosent ? N'est-ce pas un transfert de compétences ?

A-t-on jamais vu une entreprise privée augmenter le nombre de ses salariés de 32% alors qu'elle n'a pas d'argent ?

L'emploi public est assis sur une bulle sociale prête à exploser, construite par nos dirigeants pour masquer la réalité et s'attacher des voix sans réformer. C'est un scandale monumental.

Ces derniers mois de 2015, on assiste à une nouvelle forme de lâcheté politique. Après les décennies de belles promesses non tenues et d'emplois créés sur de la dette, les politiques - au sommet de leur art - votent des lois qui ne s'appliqueront qu'en 2020. Les changements ne seront plus réalisés par les hommes qui les votent, mais par une probable autre majorité… autant dire qu'il y aura beaucoup de retours en arrière au moment de l'application…

C'est pourquoi un renouvellement complet de la classe politique est nécessaire[14].

2. Le modèle social

Le deuxième frein pour avancer vers l'équilibre environnemental concerne le niveau des prestations sociales, retraites, chômage, sécurité sociale. Les prestations sont « joufflues ». C'est encore une forme de pot de vin pour acheter des votes.

Comment continuer, alors que le modèle économique est en berne et le pays endetté ? C'est utopique. Les années d'abondance sont derrière nous. Elles ont été artificiellement prolongées, rendant chacun encore plus dépendant. Il sera inévitable de revisiter notre modèle social.

Cela ne signifie surtout pas qu'il faudrait tout arrêter. Ce système est fondamental pour le bien-être collectif et pour la protection des plus fragiles.
Mais il s'agit de retrouver du sens, pourquoi ces aides ? pour qui ? quel montant pour quel public pourrait être obtenu par le travail ? quelle activité financée par l'aide

---

[14] Au moment de la relecture de ce livre, ce renouvellement de fond est en cours avec les jeunes députés macronistes. A suivre !

sociale serait plus efficace dans le privé ? comment éviter la distorsion de concurrence ? comment valoriser le travail qui permet la richesse collective ?

Il va falloir réduire des dépenses, repenser à l'utilité pour faire mieux avec moins. Soyons clairs, nous perdrons une partie des aides sociales. C'est impopulaire. Cette réduction des prestations sociales nous touchera tous. Notre indépendance en dépend, nous avons besoin de l'accepter. Il collait à un système capitaliste qui ne fonctionne plus. Ces réductions, ce pourrait être la baisse des aides pour la rentrée scolaire ou pour partir en vacances, la diminution des allocations logement, la baisse des retraites des personnes qui les perçoivent depuis 20 ans car ils sont devenus moins actifs.
En face, il y a les aides maintenues, pour se loger, pour la famille et pour la garde d'enfants, il y a l'aide aux personnes âgées, l'aide à la réinsertion.

Il va nous falloir penser différemment, hors des sentiers battus.

La solidarité pourra pallier certaines prestations, d'autres valeurs de solidarité vont revenir. Des valeurs humaines plus saines, dans le partage et la responsabilité individuelle, notamment envers nos aînés. Au lieu de déléguer à l'état qui s'endette à perdre haleine sans apporter de réelles solutions, mobilisons la famille, les oncles, les tantes, les voisins, les amis. Comme dans le livre « Et puis Paulette… » où une colocation de seniors retraités apporte des alternatives aux maisons de retraite onéreuses, tristes, dans un échange revigoré, avec de l'entraide et de la joie.
Changer ne veut pas dire changer pour pire !

Nous pourrons ainsi, à titre individuel, prendre en charge une partie de la solidarité et redonner du sens à nos quotidiens. Rendre service à autrui nourrit le cœur et l'âme. Le lien trans-générationnel permet de réduire la solitude, transmettre l'expérience, tisser des liens entre les parcours, les cultures, les âges, les sexes. Cette diversité crée la petite étincelle nécessaire à la vie.
Bien plus qu'une prestation sur un compte.

Ces évolutions sociales représentent un changement profond et un défi.

Oui des services sociaux diminueront, là où d'autres solutions citoyennes écloront.

3. La résistance au changement

Et si demain se révélait plus dur qu'aujourd'hui ?
Personne ne peut le prévoir avec certitude.
On sait bien que nier les réalités - les dettes, la mondialisation, la baisse des ressources naturelles, la hausse de la pollution, la perte de sens - ne résoudra rien. Rester arc-bouté sur la situation actuelle accroitra seulement l'ampleur des problèmes.
On a beau le sentir au fond de soi, changer requiert une autre énergie. On le veut sans le vouloir. Or le risque est que lorsque le modèle actuel sera définitivement à bout, il sera plus dur encore de construire autre chose. Nous aurons tout perdu.

C'est maintenant qu'il faut agir. Construisons sur des acquis, pas sur des ruines.

Parviendrons-nous à relocaliser nos industries en Europe ? Nos créditeurs continueront ils à nous prêter de l'argent ? Accepterons-nous de refaire des métiers manuels, physiques, pour pourvoir aux besoins essentiels (alimentation, déchets, nettoyage, construction) ?
Nous savons ce que nous quittons. Nous savons pourquoi nous le quittons. Mais demain reste incertain.
Une maxime prétend que lutter contre le changement, c'est lutter contre la vie elle-même.
Si nous regardons dans nos propres vies, nous passons en effet notre temps à évoluer, à nous adapter aux situations qui évoluent. Nous nous adaptons à une entreprise, un nouveau poste, un conjoint, la vie de famille, la perte d'un être cher, la vieillesse, la maladie. La vie n'est pas un long fleuve tranquille.
Les évènements nous bousculent, nous bouleversent, nous forcent à changer. C'est compliqué, pourtant cela nous nourrit aussi, nous stimule, nous fait grandir.

Pourquoi serait-ce différent au niveau sociétal ? Pourquoi le modèle serait-il figé ? Le changement est constitutif de la vie, à nous d'y aller en rangeant notre peur au vestiaire.

Chaque pas vers l'équilibre environnemental nous ouvrira de nouvelles phases de conscience, apportera de nouvelles opportunités. Cessons de focaliser sur ce qui se termine, regardons devant. De nouvelles solutions que nous n'imaginons pas vont apparaitre.

L'UE aussi devra bouger, vivre, se transformer. On ne peut plus l'immobiliser. Accompagnons le mouvement, orientons la dans la direction de l'équilibre environnemental.

Enfin il est essentiel d'amener la population vers cette mutation. L'expliquer, la mettre en perspective. Faire fi des tabous pour bâtir le prochain grand chapitre de l'histoire française et européenne ensemble.

PARTIE II : ALLIANCE EUROPE RESSERREE (AER)

Préambule

Comment vivrons-nous en Europe en 2035 ?
Nous travaillerons encore car le travail crée des biens et de la richesse. Il permet le progrès, joue le rôle d'intégrateur social. Il est le socle d'une société en marche, qui avance. Mais quelles seront nos valeurs, vers quoi évoluerons-nous ?

Dans le monde que j'imagine, la défense de l'environnement est devenue un critère de décision central. Ce n'est pas un courant politique. C'est une priorité impérieuse.

Tout démarre par une nouvelle Europe, attentive à la nature. La France est trop petite face à la mondialisation pour créer un modèle économique singulier. Elle subirait trop de pression des marchés financiers. C'est pourquoi l'équilibre environnemental commence par la création d'une Europe resserrée, agile.
Son objectif ? L'indépendance énergétique, l'indépendance alimentaire avec une nourriture saine, l'indépendance dans les hautes technologies et l'innovation, de la déontologie. Un espace plus petit, plus équilibré, qui retrouve du sens, écoute l'humain, préserve l'environnement. Une société européenne qui progresse plus lentement mais en harmonie.

C'est aussi une Europe plus humble, hors du « Top 10 économique ». Mais une Europe convaincue de son modèle durable et humaniste. Une Europe de la douceur, avec des vallées verdoyantes, des rivières claires sans pollution, de la pêche, des industries de

pointe, moins de voitures, plus de biodiversité, plus de temps pour la solidarité.
Un rythme globalement moins haletant.

Ceux qui vivront en ville prendront leur vélo pour aller travailler. L'air sera plus pur qu'aujourd'hui. Le soir, il n'y aura pas de viande au dîner, plutôt des légumes et des fruits bio. Le téléphone portable de la famille datera de plus de 5 ans, ce qui ne l'empêchera pas de fonctionner parfaitement et d'évoluer régulièrement avec de nouvelles fonctionnalités. Le chauffage de la maison proviendra d'une source d'énergie renouvelable installée à proximité.
En banlieue, les gens prendront le tramway pour se rendre au travail, ou partageront un véhicule électrique en libre-service. L'un travaillera dans l'innovation, l'autre dans l'industrie, le troisième dans l'éducation. Le temps de travail sera de 35h pour tous, cadres et ouvriers. Un vrai 35h, ni plus ni moins. Il y aura du temps pour les loisirs, les amis, un cadre verdoyant avec beaucoup d'arbres, des fleurs au printemps. La vie aura sa place, pas seulement les contraintes économiques et la compétition.
Le grand-père, veuf, vivra dans un appartement à 1 km de ses enfants. Il louera une chambre de son logement à une étudiante en médecine qui veillera à échanger chaque jour avec lui pour nourrir le lien intergénérationnel et incarner la responsabilité sociétale. Les valeurs de solidarité seront présentes au quotidien pour chacun de nous. Nous serons fiers de notre engagement pour autrui. Il ne sera pas délégué. Il nous incombera.

A la campagne, les exploitations agricoles seront plus petites. Les livraisons des villes se feront par voie fluviale ou ferroviaire.

Cette Europe, c'est une société avec plus de bien-être social et environnemental, plus de vivre ensemble, moins de course à la consommation et toujours de l'innovation. De l'innovation utile pour le vivant, qui a du sens.
On parlera français, allemand, italien. C'est un espace cosmopolite fraternel.

CHAPITRE 1. Le bon niveau à 8 pays

Le continent Europe est le poumon de l'équilibre environnemental. Sans une alliance de plusieurs pays, la France ne peut pas créer un espace de dimension suffisante pour diverger de l'économie mondiale, capitalistique et sans respect pour l'environnement.
Or ce nouveau modèle devra lui aussi prouver sa soutenabilité économique. La création de richesse est nécessaire au confort matériel de tous. Il passe par le travail.

La réponse à ce nouveau modèle est sous nos yeux. C'est l'alliance de certains pays européens, une Alliance Europe Resserrée (AER).
Elle possède l'envergure appropriée : ni trop grande ni trop petite pour être agile.
Ce n'est pas l'Union Européenne. C'est une mini-équipe « Europe fer de lance » qui se structure et, à terme, attirera peut-être d'autres pays de l'UE vers les mêmes normes. L'AER écartera les pays qui freinent le changement ou sont trop éloignés dans leur niveau de vie. Le temps n'est plus à la discussion, il est à l'action et la détermination.

L'Alliance Europe Resserrée (AER) représente environ ¼ des pays de l'UE actuelle et 50% de sa population. Pas davantage
Avec 292 millions d'habitants, l'AER se rapproche plutôt de la taille des États-Unis qui compte 300 millions habitants.

En comparaison de la Chine qui compte 1 milliard d'habitants, l'AER est une naine. Plus petite aussi que l'Inde et son milliard d'habitants. L'objectif de l'AER est d'être réactive et gérable.
C'est une alliance politique basée sur les liens culturels des populations et la volonté commune de changer radicalement de modèle. C'est une alliance où il y aura des tensions inhérentes au parler vrai de rigueur pour se challenger, décider et aller ensemble dans la même direction, sans faux-semblants. C'est aussi une alliance qui réussira à s'unir pour le bien commun.

L'AER se compose des 8 pays listés ci-dessous, par ordre décroissant de population :
1. Allemagne, (82 m. d'habitants)
2. France, (66 m. d'habitants)
3. Italie, (61 m. d'habitants)
4. Espagne (47 m. d'habitants)
5. Pays-Bas (17 m. d'habitants)
6. Belgique, (11 m. d'habitants)
7. Autriche, (8 m. d'habitants)
8. Luxembourg (0,5 m. d'habitants)

Cela peut être 9 si le Danemark souhaite s'y impliquer, 10 avec le Portugal. Moins si certains n'adhèrent pas, les contours sont à fixer collectivement.

Pour créer l'AER, il faudra d'abord convaincre nos voisins d'engager cette mutation vers l'équilibre environnemental et sortir de la guerre nord-sud, « cigales » et « fourmis ». C'est une vision à construire.

La création de l'AER représente le tout premier défi. Sa vocation sera de développer des projets en commun, expérimenter des solutions innovantes et ajuster son fonctionnement pour réussir sa transformation. L'AER créera de l'emploi dans l'énergie, l'alimentation saine, les hautes technologies, l'industrie, le textile, le tourisme vert, la santé.

C'est un espace géographique éclairé qui offre une place à tout le monde, dignement, mais pas la même pour tous. Finie la société où tout le monde a les mêmes horaires, les mêmes salaires, les mêmes zones de travail embouteillées et boulimiques, a obtenu le même bac. C'est l'inverse de l'égalitarisme.

Oui à la liberté de chacun, à la variété des choix, des parcours, des trajectoires, avec un revenu décent pour tous. Il y a de la place pour les ouvriers comme pour les ingénieurs, pour les métiers manuels comme pour les polytechniciens, pour des horaires matinaux ou pour les fins de soirée. Avec le même respect, la même reconnaissance, un salaire honorable pour une vie décente. Chacun contribue à la vie de l'autre et au bien commun.

Chacun a ses envies, ses talents, son chemin, la société de l'équilibre environnemental s'appuie sur tous les profils, elle a besoin de tous et respecte tous les métiers.

Là où l'UE actuelle a créé un marché géant, l'AER créera un projet de vie : bien-être sans stress, solidarité, responsabilité, innovation avec toujours l'environnement et l'humain au cœur.

Jean-Claude Juncker a écrit une lettre d'intention pour la commission européenne qui a démarré le 1er novembre 2014. Il y appelle à « une politique moins fédéraliste, plus respectueuse des souverainetés des nations. »

C'est résolument le contraire de l'AER : l'UE n'a pas de projet de vie commun. C'est un marché économique géant avec des flux de biens, d'argent et de population. Le capitalisme exacerbé avec les individualismes de chaque pays. C'est aux antipodes d'une vision de développement durable à travers l'AER, où l'idée phare est d'être unis comme un seul bloc vers l'équilibre environnemental.

L'AER devra construire un espace où valeur économique rime avec équilibre pour la nature et pour l'homme.
L'AER aura besoin d'être unie comme les 5 doigts de la main. Les décisions y seront prises vite, avec une grande réactivité. Un ciment commun lie les 8 pays membres, ce ciment permettra d'agir et de décider en confiance dans un esprit de coopération et d'intérêts communs.
Ce ciment et la vision à atteindre sont les atouts pour gouverner efficacement, rapidement et en bonne intelligence.

L'AER est une union soudée autour d'une vision.
Ça change tout.

1. Le ciment géographique

Les 8 pays européens susceptibles de composer l'AER se connaissent bien. Ils ont une proximité géographique qui a permis de tisser des liens depuis l'éternité.

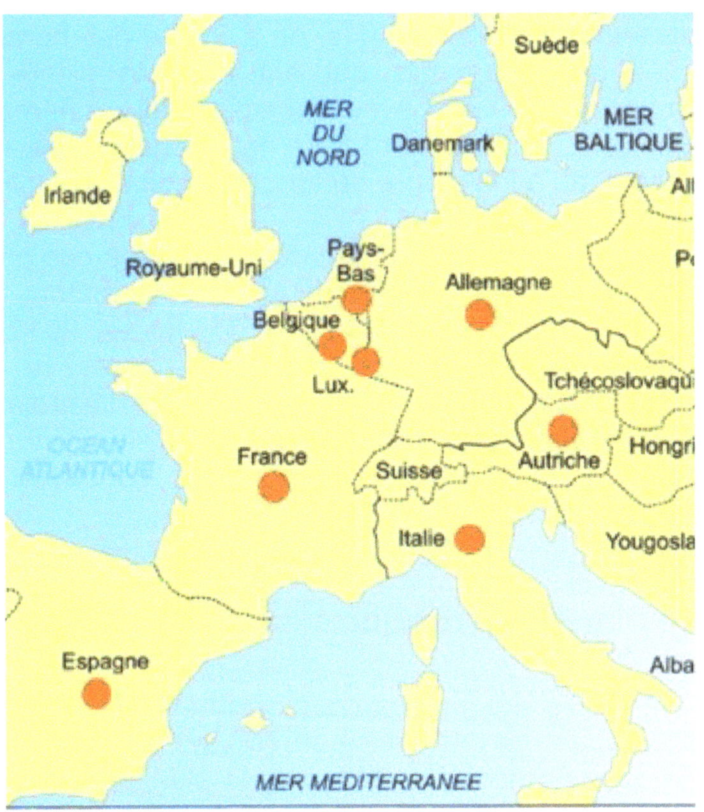

La proximité géographique nous lie physiquement et historiquement (points orange sur la carte). Nous partageons depuis des siècles des cultures voisines, bien ancrées et en même temps bien plus proches que nos amusantes divergences linguistiques ou culinaires. Nous partons régulièrement en vacances chez nos « cousins », faisons des blagues à leur encontre. Nous aimons leurs plats typiques, critiquons leur caractère, observons leurs choix politiques Certains français partent ainsi à Florence pour rêver et s'enivrer d'amour, d'autres font des blagues belges ponctuées de « une fois » ; on moque le look « birkenstock avec chaussettes » des allemands, on s'amuse des horaires décalés des espagnols qui ont érigé la sieste en institution. Le tout avec affection et tendresse. L'AER c'est ça : un regard fraternel et chaleureux. Ces pays sont, au sens propre du terme, cousins germains.

Les étudiants voyagent déjà largement dans ces pays. En 25 ans, le programme ERASMUS a soutenu les études de nombreux étudiants (231.000 en 2012). Il s'agit de concret, d'une dynamique collective qui fonctionne. Le film « L'auberge espagnole » illustre avec brio cette génération européenne curieuse d'autrui et fraternelle. Poursuivons cet élan pour construire un avenir qui nous ressemble davantage.

2. Le ciment historique

A travers l'Histoire, nos parcours s'entrelacent aussi. Charlemagne, roi des francs en 768, gérait une grande partie de la France et de l'Allemagne plus une partie de l'Espagne et de l'Italie. C'était il y a plus de 1.000 ans… L'AER avant l'heure !
C'est un mouvement de balancier qui nous rapproche ou nous éloigne selon les époques. « History repeating », un cheminement qui a créé parfois plus d'Europe, parfois moins d'Europe, avec un lien qui perdure en continu.

Pour 2025, l'ambition est clairement plus d'Europe, petite et ramassée.
Les rois et reines qui ont gouverné ces 8 pays à travers les siècles se sont souvent mariés entre royaumes voisins, notamment pour enraciner la paix et conserver le pouvoir.

Citons Anne d'Autriche, fille du roi d'Espagne et de l'archiduchesse d'Autriche, qui épousa Louis XIII, lui-même fils d'Henri IV et de Marie de Médicis d'origine italienne. Ils donnèrent naissance à Louis XIV, l'un des personnages les plus emblématiques de l'histoire de France... qui épousera une autrichienne, Marie-Antoinette.

C'est ça, l'AER, des liens sincères, connus, compris, appréciés.

3. Le ciment religieux

Nous partageons enfin un passé religieux. Le christianisme a insufflé des valeurs sous-terraines, comme un patrimoine invisible qui nous unit en profondeur et facilite la compréhension entre les individus. Ce sont nos racines.
Cet héritage remonte à l'ancien empire romain d'occident, vers 285, puis au baptême de Clovis en 496 à Reims. Ce dernier devint le premier roi chrétien de France.

Jusqu'à la révolution de 1789, la religion catholique était encore religion d'état en France. Ce n'est qu'en 1905, l'État et l'Église deviennent indépendants, soit près de 2.000 ans d'influence chrétienne sur l'Europe.
La loi précise alors que « La République ne reconnait, ne salarie ni ne subventionne aucun culte. »
La France et l'Europe évoluent. La laïcité sera inscrite plus tard dans le préambule de la constitution en 1946, « la France est devenue une République indivisible, laïque, démocratique et sociale.»

L'Espagne, le Luxembourg, l'Autriche, l'Italie, la Belgique ont aussi un passé catholique. Pour l'Espagne, ce n'est qu'en 1978, 3 ans après la mort de Franco, qu'elle inscrit dans sa constitution « aucune confession n'aura de caractère étatique. » En Italie, l'Église conserve encore une place prépondérante. La présence du Vatican et du pape rend cette histoire religieuse prégnante au quotidien.
Les Pays-Bas et l'Allemagne ont – eux - un héritage protestant, avec les mêmes racines chrétiennes.

On s'en doute bien, ces valeurs chrétiennes diffusées à travers des siècles et des siècles persistent en filigrane. Elles fonctionnent comme une réminiscence qui nous rapproche et nous permet de nous comprendre. Nous avons hérité de schémas de pensée sur le bien et le mal, notre rôle sur Terre, la bienveillance envers nos prochains. Cela imprègne encore nos cultures, indépendamment du fort recul des pratiques religieuses. Le partage, la volonté de s'élever et d'être bon sont inscrits dans nos consciences.

Ce passé nous unit. Il constitue un atout pour travailler ensemble.

4. Le ciment culturel

Pour terminer, la culture unit ces 8 pays.
L'influence gréco-romaine transpire dans les Beaux-Arts et l'architecture européenne. L'Italie, patrie des arts et de la musique, a vu éclore à la Renaissance des génies comme L. de Vinci, Raphaël, Botticelli ; puis à la fin du XIXè les compositeurs classiques Verdi et Puccini.

Dès le XVè, ce sont les peintres flamands qui développent un nouveau réalisme dans leurs toiles, comme Van Eyck et plus tard Brueghel.

Au XVIIè siècle en France, Louis XIV, roi des Arts, donne ses lettres de noblesse à des talents comme Le Nôtre ou Molière, aux métiers artistiques en général. Vint ensuite le siècle des lumières au XVIIIè, qui marque la littérature, la philosophie et la politique.

L'Allemagne a ajouté une emprunte puissante sur la culture au XVIIIè avec Beethoven, Kant, Goethe, la naissance du romantisme.

En Autriche on compte Mozart, Haydn, Schubert.

Après-guerre, ce sera le cinéma néo-réaliste en Italie avec Visconti, Rossellini.

Tous ces mouvements culturels se sont nourris les uns des autres, les frontières de l'art étant poreuses. Grâce à ces mouvements, les réflexions sur le goût du beau en Europe se sont renforcées, l'importance de l'analyse individuelle et de la critique aussi.

5. Des nations fédérées autour de l'équilibre environnemental

Créer l'AER avec ces 8 pays revient à créer une entité cohérente à tous niveaux, géographique, historique, religieux et culturel. C'est fondamental pour bâtir une société plus unie, tendue vers une vision commune. Cela donne des valeurs solides comme la liberté, la responsabilité, la démocratie, la laïcité, l'égalité homme-femme. Cette cohérence permet de se comprendre et de se parler franchement.

Une question lancinante revient inlassablement dans les médias : l'UE aurait-elle due être fédérale ?
La même question se posera pour l'AER. Le plus souvent lorsqu'un choix binaire est proposé (Europe fédérale ou Europe des Nations), c'est un artifice pour cliver de manière manichéenne. Il existe une foule de variantes.
Le modèle fédéral est présenté généralement comme une perte du pouvoir des Nations, transféré à un gouvernement supérieur. A l'inverse, l'union des Nations (l'UE actuelle), préserve le pouvoir de chaque nation et tente de créer des règles du jeu communes. C'est tout le problème de cette UE hétéroclite qui se retrouve entravée par les intérêts nationaux de chaque pays. Ces enjeux prennent le pas sur un dessein plus grand. Au final, cela mène à de la lourdeur et des compromis mous.

L'AER est un modèle original mixte. Les nations perdurent avec leur singularité, mais un mode de décision fédéral domine sur certains thèmes prédéfinis. Ce n'est ni blanc ni noir, c'est un fédéralisme où les grandes stratégies sont communes pour déployer l'équilibre environnemental, mais l'appropriation par pays reste présent.

L'AER sera dotée d'un(e) président(e), qui sera déjà président d'un des pays membres. Le but est d'avoir une personnalité charismatique et reconnue à la tête de l'AER. Il n'y a rien de pire, dans l'époque d'hyper-communication que nous vivons, que d'être inaudible. Il faudra quelqu'un au don oratoire hors du commun, un nouveau Cicéron, un Tony Blair moins anglais et surtout moins capitaliste, ou peut-être un Macron en femme...

L'AER a besoin d'être expliquée, incarnée. Ce président(e) illustrera par lui-même que l'AER fonctionne comme un modèle mixte « de nations fédérées sur les grands axes de l'équilibre environnemental ».

Ce président(e) pourra même prendre des décisions à la volée en conférence mondiale au nom de l'AER. C'est une question de confiance et d'efficacité.
La réactivité et l'unité seront essentielles pour être fort sur le plan international et valoriser notre modèle original de société.
Nous devrons impérativement convaincre les marchés financiers que nous sommes unis pour longtemps.

CHAPITRE 2. Impacts sur l'UE

La création officielle de l'AER sera l'aboutissement d'une négociation avec les 8 pays pour s'accorder précisément sur la vision de société à construire. Elle doit être précise pour éviter les malentendus, simple et pragmatique, se baser sur l'équilibre environnemental décrit dans ce livre en ajustant « aux entournures » pour que chacun des 8 pays s'y retrouve et s'y engage.
Cette vision de société sera le guide de toutes les décisions communes.

Il faudra signer cette vision, c'est notre charte, c'est l'intention cherchée dans ce nouveau modèle de société. A partir de là nous déclinerons des objectifs concrets avec un planning de mise en œuvre pour les 5 ans à venir.

Cette charte n'est pas seulement un engagement entre gouvernements, elle engage les peuples vers une nouvelle société pour les 100 années à venir. Faisons un référendum dans chaque pays à la même date pour obtenir l'accord des citoyens. C'est un projet à long terme qui engage tout le monde, bouscule les acquis. Il n'est réalisable qu'avec l'accord tangible des peuples.
Il porte l'espoir des 300.000 habitants de l'AER et détermine l'axe de travail des gouvernements.

Le référendum sera la date de création de l'AER, l'occasion annuelle d'une fête fédérale.

1. Avancer coûte que coûte, avec ou sans UE

Dès la création de l'AER, les pays membres se désengageront de l'UE.

On pourrait envisager de rester membre de l'UE, ce serait symboliquement très fort, mais avec des règles à minima : l'investissement humain, financier et politique psera réduit au strict minimum, une présence symbolique et fraternelle, pour se concentrer sur la création de l'AER. Si c'est impossible pour l'UE, il faudra la quitter et définir un accord de partenariat. En espérant que l'UE restante trouve un intérêt à continuer d'exister.

12 mois seront dévolus, comme les 12 travaux d'Hercule, pour établir notre fonctionnement en partenariat avec l'UE.

Les enjeux sont :

- Baisse d'influence des 8 pays sur les futures décisions de l'UE : liberté d'application par l'AER des décisions/législations de l'UE, transfert de budget 95% vers l'AER, étude des impacts en cascade (baisse d'emplois au parlement européen, diminution des aides européennes, risques de tensions entre états, révision du traité de Lisbonne, espace Shengen, etc.).

- Maintien de la paix : il y a une dimension pédagogique importante pour expliquer la création de l'AER aux pays de l'UE. Nous restons des états alliés, amis même si le modèle UE de marché géant/mondialisation n'est pas la vision que nous souhaitons pour un vivre ensemble durable. La violence des écrits autour du Brexit, la dureté des pays européens parce que l'Angleterre a émis un choix différent, tout cela est glaçant. N'oublions jamais qu'il y a 70 ans les anglais ont lutté avec nous contre le nazisme en Europe. Faire un choix divergent n'en fait pas des ennemis, comme fonder l'AER ne doit pas créer d'ennemis dans l'Europe.

La tâche consistera à trouver un nouvel accord gagnant-gagnant entre l'UE, l'Angleterre et l'AER pour garantir la stabilité et les droits de l'Homme en Europe.

Quand l'AER aura mis en place sa vision de société, elle deviendra peut-être un aimant pour créer une union plus large vers l'équilibre environnemental.

Ce sera dans un second temps.

2. Bref flashback sur l'échec de l'UE

La vision politique a fait défaut à l'UE. Rien n'a été engagé pour conduire les populations vers une société commune.
Dans cette configuration, il aurait fallu assumer que ce qui primait pour l'UE était la construction d'un marché de biens, de flux financiers, de personnes plutôt qu'un vivre ensemble. L'objectif de l'UE était de faire du commerce ensemble, un marché géant pour affronter les USA et les pays émergents. Avec ses avantages et ses inconvénients.

Ce discours aurait été moins déceptif que l'ambivalence entre des discours grandiloquents sur une Europe unie et fraternelle, matérialisée par une réalité de compétition bien plus cruelle. L'ambivalence entre des envolées lyriques en faveur de l'Europe des peuples et une concurrence commerciale interne féroce a créé du scepticisme.

Ce marché européen aurait dû se contenter de fixer des normes pour faciliter le commerce à l'intérieur de ce marché, sur la qualité des produits (label AB), sur la standardisation (normes électriques, etc.), sur la fiscalité. Au lieu de ça, les dispositions sont parties dans tous les sens, distribuant de l'argent aux pays les plus pauvres de l'Europe sans fixer d'orientation de développement. Quand on pense que l'UE s'est attaquée aux foyers de cheminées, à la taille des pommeaux de douches, à la courbure des courgettes... Quel gâchis ! C'est vraiment une mauvaise blague.

En boomerang de ce ratage, médias et citoyens se sont mis à blâmer l'UE pour tous les malheurs économiques qui s'abattaient sur eux. Ce marché n'a pas servi de bouclier économique, ni de moteur de croissance, ni de défense.

En agrandissant aussi vite l'union, la machine européenne ne pouvait plus fonctionner correctement. Pourquoi les gouvernements ont-ils élargi l'Europe sans projet commun ? Était-ce machiavélique pour précisément étouffer tout projet commun dans l'œuf et garder des nations indépendantes ? Était-ce pour créer l'illusion de l'union en espérant la paix durable ? ou juste une incapacité à partager une vision ?

Flashback sur deux pays qui illustrent ces dysfonctionnements de l'UE, résolument contraires à l'AER.

<u>1. L'Espagne & l'UE.</u>

Avant son entrée dans l'UE en 1986, l'Espagne était considérée comme un pays pauvre en Europe. Elle a bénéficié d'aides s'élevant à des centaines de milliards d'euros pour atteindre le niveau de développement de ses confrères européens : grands travaux dans l'énergie et le transport (barrages, routes, trains), mécanisation de l'agriculture, etc. Elle a connu un essor incroyable, soutenue financièrement par nous tous, citoyens européens. C'est beau, c'est le principe de l'Europe fraternelle.
Sauf que la situation s'est dégradée.

En 1995, l'Espagne a privatisé massivement des entreprises publiques et engagé sa désindustrialisation, investi dans le BTP et le tourisme à outrance. Forte de sa nouvelle richesse, elle n'a pas développé ses acquis sociaux, ni l'équipement scolaire. L'UE s'est tue, sans exigence sur un socle commun.
Le résultat aujourd'hui c'est une crise profonde en Espagne. On trouve des logements vides en pagaille, un taux de chômage de 23% en 2012. L'argent européen a enrichi l'Espagne et aussi créé une crise économique. Cela a peut-être même planté les germes de l'indépendance de la Catalogne, allez savoir…

En revanche pas de cohésion européenne entre pays, de vivre ensemble plus cohérent, de normes pour l'éducation, la préservation de l'environnement… De règlements qui nous rapprochent dans la qualité du bio, du tourisme vert, le respect du droit social. Rien. Néant. Des sous. Et on regarde ce que ça donne.

<u>2. L'Irlande & l'UE</u>

Grâce aux aides financières de l'UE, l'Irlande elle aussi a progressé considérablement. Sauf que cela s'est fait au détriment des autres pays européens sous la forme d'une concurrence déloyale interne. En autorisant la délocalisation d'entreprises pour bénéficier d'avantages fiscaux (taux d'imposition à 12,5%), l'UE a accepté la délocalisation d'emplois. Ce n'est pas de la création de postes.

Pour les pays membres qui ont financé l'Irlande, c'est la double peine : fournir des moyens financiers pour regarder fuir ses propres emplois. Cela n'a pas de sens ! L'UE aurait dû là aussi donner des orientations, assurer des progrès sociaux, fiscaux, aller vers une homogénéisation.

Après une décennie de croissance, une bulle immobilière a éclaté, mettant l'Irlande dans des difficultés économiques terribles. Le gouvernement a dû se porter garant des banques en faillite. Son déficit l'a rendue vulnérable, le FMI a fait un plan de sauvetage de 85 milliards d'euros en 2010 !

Depuis, l'Irlande va mieux…

CHAPITRE 3. Une finance mutualisée

Ce chapitre contient des orientations qui s'articulent autour de 5 axes :

1. Harmonisation fiscale des pays de l'AER
2. Baisse de la dette publique des pays de l'AER
3. Limitation de la spéculation financière et partage des richesses issues du travail (indice de Gini)
4. Monnaie unique
5. Nouvel indicateur de réussite, le PIBENV

Ces axes sont des lignes directrices, des bases de réflexion, qui nécessiteront des ajustements pour répondre à l'harmonisation cohérente de tous les pays de l'AER.

1. Harmonisation fiscale

Pour développer nos forces à l'échelle européenne, une harmonisation de la fiscalité s'impose. Elle garantit les mêmes règles du jeu à chacun et évite la concurrence interne. Pour la France cela s'accompagnera d'un double avantage : harmoniser sa fiscalité avec les pays membres en simplifiant un système actuel abracadabrantesque, fait d'autant de règles que d'exceptions…

a) <u>Taux d'imposition sur les revenus des ménages :</u>

L'impôt sur le revenu est devenu injuste car trop de personnes ne le payent plus en France. En 2011, sur 36,5 millions de foyers fiscaux, seuls 53,5% payaient l'impôt. En 2015, ce taux a encore baissé à 45,6%.
Ceux qui le payent ont une contribution de plus en plus lourde sur leurs épaules. Cela ne peut plus continuer. La classe moyenne est devenue une vache à lait.

Chacun bénéficie des services publics, chacun a le devoir de participer à leur financement proportionnellement à son niveau de vie. Concernant les très riches, l'idée n'est pas de prélever plus de 50%, ils partiraient ailleurs. A l'inverse pour les plus pauvres, on peut s'arrêter à 1 euro symbolique, mais personne ne doit payer zéro euro.
C'est un mensonge de le faire croire, et cela pèse sur les épaules des plus honnêtes, puisque les grandes fortunes ont les moyens d'échapper à un impôt qu'ils trouveraient excessif.

Les tranches peuvent être révisées pour être plus équitables afin d'aller vers une répartition juste de la charge. Voici une proposition de tranches d'imposition :
* Très bas salaires, RSA : 5% ou 1€ symbolique
* SMIC : 15% (et non 6%),
* Moyens salaires : 35%,
* Gros salaires : 45%
* Très riches : 50%

Chacun devenant payeur de l'état, chacun se sentira plus concerné par l'usage fait de cet argent public.

Les contrôles aléatoires sont à renforcer pour éviter les fraudes telles que le travail au noir ou les fuites fiscales, par exemple si l'on constate un gros train de vie sans revenus déclarés.

Chacun est comptable de ses actes et participe à proportion de ses revenus aux services publics.

Ce sera à discuter avec les pays de l'AER, pour trouver un niveau et des tranches qui satisfassent chaque culture. Ce ne sera pas simple. Les allemands seront probablement favorables au contrôle pour éviter les fraudes, là où les italiens seront peut-être réticents à faire payer tout le monde. Au final, c'est important pour les projets en commun, pour assurer des emplois dans tous les pays, sans privilèges.

b) <u>Prélèvement de l'impôt à la source</u>

C'est en cours de préparation en France[15].

C'est aussi à mettre en place dans tout l'AER.

C'est simplificateur pour l'état (plus de fraude à la déclaration) et simplificateur pour les ménages car ce qui reste sur le compte lors de la réception du salaire net est 100% acquis, sans impôt à mettre de côté. La gestion quotidienne facilitée.

Par ailleurs il n'y a plus de décalage entre les revenus N-1 et l'activité, tout se passe en temps réel. En cas de perte d'emploi, on ne doit pas payer des impôts élevés en N+1 alors qu'on n'a pas encore trouvé de job. Si les revenus augmentent, l'impôt augmente en même temps. C'est plus facile encore une fois pour ses comptes.

---

[15] Au moment de relecture, ceci a été mis en place avec succès.

En revanche cela demande une intervention de l'entreprise pour prélever le taux d'impôts à chaque salarié et potentiellement devoir expliquer alors que seul l'état doit pouvoir répondre.

c) <u>TVA</u>

La TVA est un mécanisme puissant car il agit sur la consommation des ménages. Hormis les besoins élémentaires, chacun peut juguler ses achats. Cela fait appel à la responsabilité individuelle.
Dans l'AER et l'équilibre environnemental, la consommation change. Elle n'est plus portée par l'idée du toujours plus, mais orientée vers du durable, du responsable vis-à-vis de l'environnement – ce qui ne signifie aucunement de ne plus se faire plaisir.

Reste à adapter les taux avec les pays de l'AER. Voici une proposition :
- Baisser la TVA à 5,5% sur la rénovation de l'habitat et la production d'énergie locale.
- Arrêt de la déduction de TVA sur le diesel.
- Étudier d'autres aménagements pour mettre en cohérence TVA avec équilibre environnemental.

d) <u>Taux de charge des entreprises</u>

La moyenne mondiale est à 43% d'imposition globale. En France c'est plus lourd, les entreprises sont taxées à 64,7% dont 51,7% de charges sociales[16].
On peut proposer d'aligner l'AER sur l'Allemagne, qui est à 49%, pour réduire la charge qui pèse sur les entreprises et soutenir l'emploi.
En parallèle, il est crucial de maintenir un régime social protecteur, bienveillant et responsable.

e) <u>SMIC : chaque pays fixera son montant</u>

L'objectif est de s'assurer que personne n'est exploité, que le salaire minimum assure un revenu décent pour vivre correctement dans chaque pays.
En revanche, on ne parviendra pas à imposer un montant unique dès le début.

Ce n'est qu'à l'échéance de 5 années d'harmonisation fiscale que le fonctionnement entre les 8 pays de l'AER sera plus homogène, alors seulement un montant de SMIC commun pourra émerger. C'est une mutation qui se fera pas à pas.

La vision de l'AER n'est pas de passer toute la population au SMIC, ni de pousser toute la population à devenir ingénieur ou médecin avec des salaires plus élevés (comme le fait l'état français qui prône le bac pour tout le monde et dévalorise les métiers manuels). C'est au contraire de permettre à chacun d'avoir un niveau de

---

[16] Étude Paying taxes 2014 publiée par la Banque mondiale et le cabinet PwC

vie décent, qui rémunère bien les travaux manuels car ils sont aussi indispensables à la vie de l'AER.

Une société moderne, durable, humaniste comme l'AER permet à chacun, par son travail, d'atteindre un niveau de vie satisfaisant avec un toit de bonne qualité et de la nourriture de bonne qualité. La diversité des tâches et des profils est naturelle, elle apporte la complémentarité.

2. Baisse de la dette publique

L'objectif de l'AER est de descendre à 80% du PIB d'ici 10 ans. C'est un point clé pour l'indépendance économique, sinon on continue d'emprunter de l'argent aux pays non européens - dont la Chine - qui exigent des critères de croissance et nous rendent de nouveau prisonniers du système capitaliste.

L'équilibre financier des états de l'AER est un incontournable pour réussir le modèle original d'équilibre environnemental. C'est un changement de paradigme total qui demande une maîtrise financière sans faille.

En 1992, Maastricht prévoyait une dette publique de 60% pour les pays de l'union, basée sur une croissance de 3%. On en est très loin. Tout a dérivé faute de courage, et désormais la croissance est quasi nulle, si bien que l'objectif doit être revu pour être atteignable.

Pour réduire les dettes concernant la France, la première phase consiste à réduire le déficit public annuel. Il s'élève aujourd'hui à 4% par an, soit environ 60 milliards de plus par an. On consomme trop au niveau de l'état et ce budget est « hors collectivités ». L'état français continue année après année à creuser la dette.

Voici la situation des déficits publics des pays de l'UE en 2015[17]. Pour les 8 pays de l'AER cela signifie un fort redressement car ce ne sont pas les plus exemplaires, particulièrement l'Espagne, la France et l'Italie.

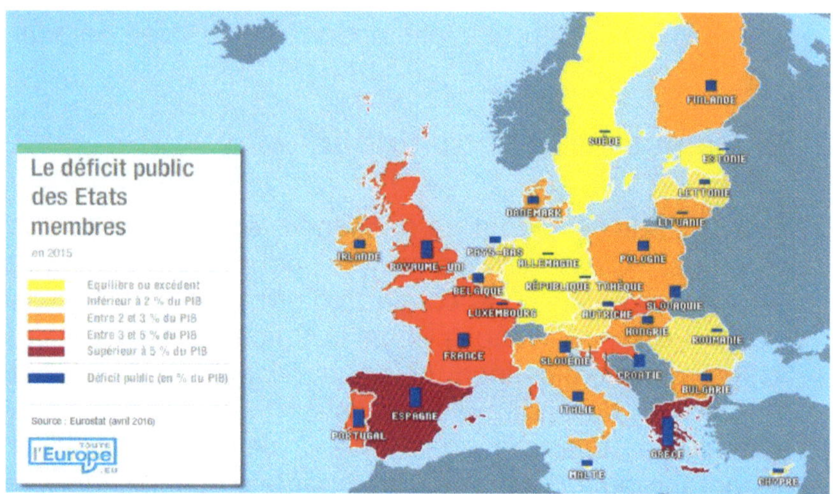

La deuxième étape consiste à réduire les dettes publiques, qui s'élèvent à près de 100% du PIB pour la France, soit environ 2.000 milliards d'euros.

---

[17] Site touteleurope.eu

Voici les dettes publiques de l'UE en 2015 pour une partie des pays :

Dette publique des pays européens	
Pays	2 015
Royaume-Uni	2 266
Italie	2 172
Allemagne	2 153
France	2 097
Espagne	1 072
Pays-Bas	442
Belgique	434
Grèce	311

Réduire la dette à 80% pour la France, cela signifie une réduction de 40 milliards par an sur 10 ans. L'effort est devant nous.

On peut inscrire des sanctions pouvant aller jusqu'au pénal pour une mauvaise gestion de l'argent public. Cela étouffe l'avenir de notre jeunesse et aggrave les problématiques environnementales et sociales.

Reste à clarifier ce qu'il advient en France des dépenses locales des collectivités, sinon ce serait un transfert de dettes d'une poche à l'autre, un jeu de dupes qui continuerait à creuser le trou financier.

Chaque pays de l'AER a besoin de repenser les missions des services publics, quitter les domaines où il concurrence le privé dans des secteurs non essentiels (la Poste qui concurrence la banque, les assurances, les télécoms par exemple), se recentrer sur ses missions dans l'excellence (éducation, santé, sécurité, justice, finances) et un pilotage stratégique sur les grands sujets nationaux (économie, emploi, famille, culture, sport).

Mais l'état et les collectivités ne doivent pas agir partout, le privé est force de créativité, d'emplois, de maîtrise budgétaire, on peut lui faire confiance. Il faut aussi laisser du mou, responsabiliser chacun, rendre de la liberté !

3. Spéculation financière et équité

1. Spéculation financière

Limitons les spéculations au sein de l'AER. Le travail a davantage de valeur que la finance dans une société d'équilibre environnemental.
Il ne s'agit pas d'une incantation.
Cela doit être encadré et régulé afin d'éviter que l'argent virtuel rapporte plus que le travail réel dans l'AER, qui lui apporte de la valeur pour toute la population.
Car ne rêvons pas, dans un monde sans croissance, tout porte à croire que nous aurons moins de richesse, si bien que pour entretenir un niveau de vie convenable pour tous avec des services publics efficaces, une alimentation saine, une production énergétique stable etc., tout le monde devra travailler et produire sa part à la société. L'AER est plus solidaire, moins individualiste... sans spéculation au détriment d'autrui pour des intérêts personnels.

Le mécanisme qui bloque la spéculation financière, c'est-à-dire le gain financier basé sur un pari lié à la fluctuation des cours du marché doit être bridé. Qu'il s'agisse de la bourse, de taux de change, d'actions, des solutions claires sont à mettre en place pour lutter contre la financiarisation de l'économie au sein de l'AER.

2. Équité patron-salariés

De même, les patrons des grandes entreprises doivent redistribuer davantage les richesses avec leurs salariés.
La recherche d'équité crée une société durable.

Les écarts de salaires entre dirigeants et salariés augmentent d'années en années dans les très grosses entreprises. L'écart s'est creusé exagérément. Les rémunérations des PDG du CAC40 ont notamment augmenté de 35% entre 2003 et 2010 alors que celles de la masse salariale augmentait seulement de 13%. Ce n'est pas viable dans la durée. La justice sociale est la clé d'une AER apaisée.
Faut-il limiter à 20 fois plus ? 50 fois plus ? Trouver une autre solution ? Surtaxer une entreprise qui ne redistribue pas ?

Certes le dirigeant a le droit de gagner plus que ses collaborateurs, il est décideur, son engagement est permanent, sa prise de risque quotidienne auprès des banques, des impôts, des emplois créés. Il doit faire preuve d'innovation pour faire grandir son entreprise et traverser les époques. L'entrepreneur a souvent investi son argent personnel et emprunté pour démarrer ou investir, il vit jour et nuit avec la gestion de son entreprise. C'est totalement légitime qu'il soit rémunéré à la hauteur de son engagement.
En revanche l'entrepreneur doit aussi agir en responsabilité dans le succès, partager ses profits avec les employés qui y participent par leur travail. Il y a une limite légale à fixer au sein de l'AER.

4. Monnaie unique

Une monnaie unique est centrale pour soutenir notre économie commune.
Est-ce que cette monnaie unique peut-être l'euro alors qu'on ne participera plus activement à la vie de l'UE ?
Rien n'est moins sûr.

Ce serait un gain de temps, ce serait commode car elle est en place, stable et reconnue. Mais l'euro risque de faire peser des contraintes capitalistiques sur notre modèle de société que nous ne voulons pas.

C'est pourquoi il faudra analyser s'il est possible de s'adosser à l'euro ou si la création d'une nouvelle monnaie commune est inéluctable.

Une troisième hypothèse consisterait à prendre le contrôle de l'euro. Elle risque d'être freinée par les pays hors de l'AER qui ont adopté l'euro, à savoir l'Irlande, Chypre, Malte, la Grèce, la Finlande, la Lettonie, l'Estonie, la Slovaquie, la Slovénie. A moins qu'ils y trouvent des avantages. La Grèce envisage parfois de repasser à la drachme pour sortir de la crise qui l'a mise à genoux.

Voici à date une cartographie des pays qui ont adopté l'euro[18].

---

[18] site touteleurope.eu

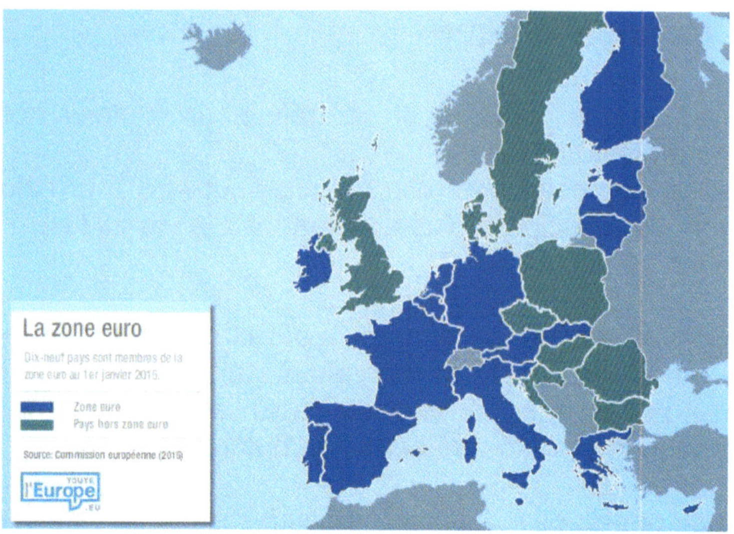

La meilleure solution pour tous devra être trouvée (délais, pilotage, objectifs).

Ce qui est certain, c'est qu'une seule monnaie commune est nécessaire pour les échanges dans l'AER, sans cela impossible d'accorder la fiscalité correctement et de manière lisible. En ricoché, cette monnaie contribuera à harmoniser progressivement les salaires, le SMIC, permettre les comparaisons inter-pays, simplifier les transferts de fonds entre pays sur les projets transverses.

5. Le PIBENV : Produit Intérieur Brut ENVironnemental, nouvel indicateur

L'équilibre environnemental n'est pas centré sur le système économique mesuré historiquement par le PIB. Ce nouveau modèle de société intègre dans son évaluation la préservation de l'environnement et le bien-être de la population. Évaluer sa réussite ou ses faiblesses nécessite le passage à un nouvel indicateur qui intègre ces éléments. Sans cela, le PIB exercerait une tyrannie de la croissance économique dont nous devons sortir pour sauver la planète et l'humain.

Pour compléter le calcul de l'indicateur PIB actuel, soustrayons la valeur environnementale prélevée. Chaque bien produit ou consommé possèderait ainsi un coût environnemental : gaz à effet de serre émis lors du transport, pollution générée lors de la fabrication, altération de la biodiversité, dégradation de la pureté de l'eau, prélèvement de ressources naturelles. Ces coûts environnementaux seront intégrés au PIBENV. Une forte croissance économique avec un mauvaise préservation de l'environnement donnerait un mauvais PIBENV, signifiant que la société n'est pas durable.
De même, le bien-être global de la population (baisse de la consommation des médicaments, baisse des arrêts maladie, mesure du bonheur ressenti, taux de pauvreté, etc.) serait valorisé pour augmenter ou diminuer le PIBENV.

L'indicateur PIBENV devient ainsi plus complet que le PIB. Le PIBENV sera le véritable indicateur de progrès de notre espace européen durable.

Au Bhoutan, au cœur de l'Himalaya, le gouvernement a créé un indicateur particulier nommé le Bonheur National Brut (BNB). Grâce à cet indicateur qui inclut la protection de l'environnement, la défense de la culture locale et le développement durable, le Bhoutan a conservé une agriculture majoritairement biologique. Le travail y est effectué par des paysans, l'abattage des arbres y est limité. Le pays favorise un tourisme de qualité et le retraitement de ses déchets.

Cela démontre une volonté forte de se singulariser dans une région coincée entre l'Inde et la Chine - enclins à se concentrer prioritairement sur la croissance économique. Cet indicateur les engage dans une politique à long terme. Il fonctionne.

Ce sera pareil pour le PIBENV.

Leur pays reste cependant pauvre selon nos critères occidentaux ; la vie y est rudimentaire, mais leur modèle original conserve leur environnement social et durable pour une vie harmonieuse et durable, avec d'autres valeurs.

 C'est possible.

CHAPITRE 4. Conclusion

L'UE est passée à côté de son Histoire.
C'est triste à pleurer.
L'AER est une nouvelle page à écrire, celle d'une Europe avec un objectif commun, de l'ambition dans le développement durable, du contrôle d'utilisation des fonds communs.
L'AER unifie nos forces et nos complémentarités sur les seuls domaines transverses.

L'AER mettra les fonds où c'est nécessaire pour homogénéiser le fonctionnement des 8 afin d'atteindre un équilibre fiscal, environnemental et social solide.
Son rôle est de créer un modèle européen qui fonctionne comme un bloc à l'unisson. Ce n'est pas une décalcomanie que l'on pose sur un pays.
Le modèle s'appuiera sur les atouts de chacun, sans les ignorer ni les gommer, dans un esprit de collaboration constructive.

PARTIE III : EQUILIBRE ENVIRONNEMENTAL

CHAPITRE 1 : Vision

L'AER homogénéise structurellement les pays membres. Le cœur du succès est d'adopter une vision commune.
L'équilibre environnemental repose sur l'ajustement subtil entre économie, humain et environnement.

La vision proposée est la suivante :
L'équilibre environnemental est un espace économique prospère, respectueux de l'environnement (on puise ET on redonne, on ne pollue pas), autonome en énergie, qui favorise l'alimentation responsable. Un espace qui met toujours au cœur de ses décisions l'Homme et la nature, qui laisse du temps au temps.

Enfin, c'est un espace de création et d'innovation qui donne sa place aux hautes technologies. Garder du bon sens ne veut pas dire retourner à l'âge de pierre.

Les domaines stratégiques à orchestrer autour de cette vision mènent à sa réussite, pour des projets utiles, et durables.

Il s'agit de chantiers transverses, pilotés en commun par les 8 pays de l'AER :
1. l'indépendance énergétique
2. l'alimentation et la production alimentaire responsables

3. les hautes technologies pour l'emploi qualifié et l'industrie
4. le transport de marchandises
5. la fiscalité, la monnaie commune, le PIB-environnement (PIBENV)
6. la biodiversité et l'urbanisme
8. la conquête du cosmos

En parallèle, chaque pays conserve son autonomie de gestion interne.

Concernant les politiques de défense ou d'immigration, ce sont des domaines stratégiques évidemment, mais ils demeurent - dans un premier temps - nationaux car ce sont des sujets trop clivants.
Si on réussit l'AER, ces sujets y seront traités naturellement à terme.
La priorité est la création de ce nouveau modèle environnemental et durable européen.

CHAPITRE 2 : Indépendance énergétique

La question énergétique représente un défi central. C'est la toute première priorité de l'AER.

En occident, nous avons atteint un niveau de confort formidable lié au boom des énergies. Nous avons tendance à l'oublier tant l'accès en est devenu facile. Nos réfrigérateurs, nos fours, nos lampes, nos voitures, nos ordinateurs, nos chauffages sont autant d'équipements qui consomment de l'énergie quotidiennement. Nous n'y pensons plus, c'est une évidence.
Or l'énergie que nous utilisons dans nos actes les plus banals ne va pas de soi. Il faut la puiser quelque part, la transformer, la stocker, la propager via un réseau de distribution. Tout cela génère un coût environnemental.

De façon macro, on distingue deux grandes familles d'énergie :

1. L'énergie issue de ressources finies, c'est-à-dire issue de matières disponibles en quantités limitées comme le pétrole, gaz, charbon, uranium, etc. Ce sont les <u>énergies fossiles</u>.
   Leur quantité est limitée dans le temps, leur extraction défigure les territoires et leur combustion produit du CO_2 générateur de gaz à effet de serre, c'est-à-dire qu'elle est actrice du réchauffement climatique.

2. L'énergie issue de ressources infinies parce que <u>renouvelables.</u> Il s'agit du vent, soleil, eau. On peut en consommer autant qu'on veut, aussi longtemps qu'on veut, c'est inépuisable. On parle <u>d'énergie propre</u>.
Leur utilisation ne pollue pas l'atmosphère et n'est pas directement émettrice de CO_2. Cela la rend souhaitable pour un avenir durable.

Le choix semble s'imposer pour les énergies propres. Pourtant le lobby d'EDF et les freins techniques ralentissent la transition en France.
Entre 1970 et 2010, l'utilisation d'énergie fossile a même doublé, on consomme de plus en plus ! Dans cet approvisionnement, la part du pétrole est passée de 55% à 62% [19] alors que la part du charbon baissait, et celle du gaz et des énergies renouvelables augmentait.
Ségolène Royal a déclaré en juin 2014 qu'elle n'augmenterait pas le prix de l'électricité. C'est une fausse bonne idée, tristement démagogique. Cela a rassuré la population en nourrissant une illusion (encore une des anciens politiques) : l'énergie va de soi, est sans limite et peu chère.
C'est faux.

L'électricité augmentera fatalement un jour ou l'autre dans un monde à faible croissance. L'entretien des usines nucléaires vieillissantes est très onéreux, les besoins en énergie augmentent, l'équation est imparable. Le prix payé ne représente pas le coût réel global.

---

[19] site manicore.com

Il aurait fallu au contraire expliquer les risques de hausse des tarifs, contextualiser, encourager les alternatives, aider la population à s'adapter, à réduire sa facture par l'isolation. La crise des gilets jaunes de 2018 est aussi née de cela.

Au final, il aurait fallu augmenter progressivement les prix pour tous pour être en cohérence avec la réalité. La démagogie abime le vivre-ensemble dans la durée.
Les attentes déçues conduisent à la violence, à pointer des coupables pour se dédouaner (les riches, les politiques, les lobbys, etc.).
Dans le JDD du 6 juillet 2014, Axel De Tarlé avait rédigé un article complet intitulé « Électricité : la politique disjoncte ». Tout y était repris chronologiquement et analysé pour démontrer cette tromperie populiste.
C'est impardonnable. S. Royal a fait un choix électoraliste au lieu d'un véritable engagement environnemental.

Quant aux pays émergeants, ils ont besoin eux aussi d'énergie. C'est devenu un enjeu stratégique. La capacité à produire sa propre énergie rend indépendant. A l'inverse, sans maîtrise des approvisionnements énergétiques, nous sommes condamnés au modèle capitaliste.
Comment créer une société verte, apaisée, si nous devons acheter l'énergie aux producteurs extérieurs et être dans une bataille concurrentielle acharnée avec des pays capitalistiques ?

C'est d'abord grâce à l'indépendance énergétique de l'AER que nous y parviendrons. Nous éviterons les fluctuations et spéculations sur les ressources, les pressions entre états, les guerres pour l'énergie (Ukraine pour le gaz, Irak pour le pétrole).

Pour réussir à maîtriser l'approvisionnement de l'AER en toute indépendance dans un monde gourmand, il n'y a aucune solution triviale. Commençons par un tour d'horizon des sources d'énergie.

1. Énergies, un mix subtil

Parmi les ressources fossiles on trouve :

<u>1. Le pétrole.</u>

Nous l'utilisons principalement pour les véhicules et le chauffage (fioul domestique). Il est importé à 99%[20] et émetteur de CO2. Certains spécialistes pensent que le pétrole sera épuisé d'ici une centaine d'années car les besoins mondiaux augmentent. Des théoriciens s'affrontent régulièrement sur les capacités restantes, certains estimant qu'il existe des quantités gigantesques à dénicher, d'autres pensant que c'est un pur fantasme. La découverte de gisements off-shore est un facteur d'incertitude, accrus par les coûts élevés de forage.
Ce qui est sûr en revanche, c'est que le pétrole ne se renouvelle pas en quelques siècles, cela se calcule en millions d'années. Un jour ou l'autre, si les besoins mondiaux continuent d'augmenter (diesel, essence, plastique, etc.), la rareté surviendra et les prix flamberont. Lorsqu'il n'y aura plus de pétrole, ou qu'il sera trop cher, ce sera définitif à l'échelle humaine.

---

[20] Site planetoscope.com

2. Le charbon

Il est utilisé principalement pour créer de l'électricité en
Europe, sauf en France. Il a été prouvé qu'il est
particulièrement nocif pour la santé et l'environnement.
La pollution de l'air a causé 7 millions de morts dans le
monde en 2012[21]. On atteint presque le bilan de la
première guerre mondiale avec ses 9 millions de morts !
Attention, cette pollution atmosphérique est seulement
partiellement issue du charbon.
L'Asie et le Pacifique sont les plus impactés car ils
utilisent massivement le charbon pour se chauffer. En
Europe, c'est surtout l'Allemagne et les pays de l'Est qui
y ont recours. Cette ressource dégage des particules
fines qui se nichent dans les poumons et favorisent les
cancers, accidents vasculaires, affections respiratoires,
et d'autres problèmes de santé.
Hormls la santé publique, le charbon est également nocif
d'un point de vue environnemental car émetteur de gaz
à effet de serre pendant sa combustion. Il contribue au
réchauffement climatique de manière significative,
réchauffement que nous voulons limiter à 2° dans
l'accord de la COP21.

Comme le pétrole, ce n'est pas une ressource d'avenir.
On ne peut pas s'en passer brutalement, c'est pourquoi
il tiendra encore une place dans le bouquet énergétique
pour une dizaine d'années.

---

[21] Rapport de l'OMS, mars 2013

3. Le gaz.

Utilisé en France pour le secteur résidentiel (chauffage, cuisson) et industriel (chimie, pétrochimie, raffinage), il est importé à 98%.
C'est une énergie moins émettrice de CO2 que le pétrole et le charbon, moins nocive pour la santé.

Il existe en grande quantité sur la planète, mais à deux conditions rédhibitoires.

a) Gaz de schiste :

Quel est le coût réel pour exploiter des gisements de gaz de schiste en toute sécurité ? L'extraction semble dangereuse pour les couches basses de la planète si on ne met pas les moyens financiers nécessaires. Le sol est en effet fissuré pour libérer un gaz enfoui très profondément, au risque de polluer des nappes phréatiques sous-terraines au passage. Les gisements s'épuisent vite, imposant de nouveaux forages incessants.
Ira-t-on un jour jusqu'à détruire notre planète de l'intérieur ? Le coût environnemental parait astronomique.

b) Émissions de CO2

Bien que le gaz émette deux fois moins que le charbon, cela n'en fait pas une énergie propre.

L'objectif de l'AER est de construire son indépendance énergétique, sans approvisionnement hors AER, en protégeant l'environnement en luttant contre le réchauffement climatique. Le rapport du GIEC daté d'avril 2014 préconise une baisse mondiale des émissions de 40 à 70% d'ici 2050. C'est un défi collectif et radical.

En ce sens, l'utilisation de gaz, charbon et pétrole ne sont pas l'avenir. Ils interviennent dans la transition.

4. Le nucléaire

En tête pour la production électrique française, il fournit 73% de l'électricité, soit 390 TWh. Il devance le charbon, l'hydraulique et le gaz. C'est la fameuse exception française.

Cette énergie est *à priori* intéressante car la France est experte et qu'elle n'émet pas de CO_2. Mais son avenir est un véritable choix politique lié à la vision de l'AER.

Le nucléaire soulève des risques écologiques irrésolus en cas d'incident industriel. On ne maîtrise pas cette énergie dans certaines situations, comme on l'a vu lors des accidents de Tchernobyl et Fukushima, deux drames humains et environnementaux.
Par ailleurs, comme le gaz de schiste, son coût immédiat est faible car on omet volontairement le coût à long terme pour sécuriser les centrales, les entretenir, gérer les déchets radioactifs pendant des années. Ce coût facial faible est donc un leurre qui ne tient pas compte de la sécurisation sur la durée. Complété avec les coûts annexes, l'assiette financière de l'énergie nucléaire grimpe en flèche.

A l'opposé, le boom des énergies renouvelables les a rendues rentables !

Pour la France, génie du nucléaire, c'est un choix douloureux qui implique une reconversion des employés d'EDF. L'ADEME a publié en avril 2015 un rapport qui démontre que le passage à 100% d'énergies renouvelables est possible et rentable en France. Une bombe pour le fleuron du nucléaire français.

Soyons clairs, l'objectif est de diminuer drastiquement le nucléaire. Les risques radioactifs et la vétusté des équipements rendent cette énergie non souhaitable pour l'environnement et non rentable.
L'entêtement pro-nucléaire doit cesser. L'expression *génie du nucléaire* est par ailleurs dépassée depuis longtemps. AREVA doit être renfloué pour éviter la FAILLITE. L'état, actionnaire à 87%, prévoit de réinjecter 5 milliards d'euros ! De quoi tirer une balle dans le pied de la transition énergétique... On ajoute ce coût à la production du nucléaire ?
La construction de l'EPR finlandais a accumulé les retards car nos experts sont partis à la retraite. Stop à cet acharnement. Notre expertise commence à se faire vieille. On parle encore de 450 millions d'euros de contentieux pour AREVA. On l'ajoute aussi au coût du nucléaire ?
Finalement AREVA est démantelée en 2017, avec quasiment 15 milliards de pertes depuis 2011... avec une partie reprise par EDF.

Dans la loi de transition énergétique française de 2015, l'état prévoit un objectif de réduction à 50% en 2025 qui est fantaisiste ! Il a été discrédité par J. B. Lévy, patron d'EDF lui-même. Ce dernier indique qu'il est uniquement prévu de fermer deux réacteurs de Fessenheim, ce qui est insuffisant pour baisser à 50% la part du nucléaire. Inutile d'inscrire des objectifs chiffrés dans les lois sans plan d'actions en face. C'est une farce.

En complément, la cour des comptes démontre qu'il faudrait prévoir la fermeture de 15 à 20 réacteurs pour atteindre cet objectif. Les spécialistes des énergies renouvelables affirment qu'il faudrait en parallèle être beaucoup plus ambitieux sur le développement des énergies propres. Bref, c'est un échec annoncé qui se prépare, une pantalonnade avec des surcoûts à la clé pour l'État et les citoyens (remise aux normes de centrales au lieu de les fermer), des risques humains et environnementaux, pas d'emplois nouveaux : un statuquo non avoué, masqué derrière une loi sans crédibilité.
En 2017, N. Hulot devra assumer l'impossibilité de tenir ce calendrier intenable, puis en 2018 E. Philippe repoussera l'objectif à 2035.

Arrêtons les frais. Le nucléaire doit diminuer fortement jusqu'en 2050, même s'il perdure pour une partie minime dans le mix énergétique global. Le projet ITER, réacteur à fusion nucléaire, sera peut-être source de ruptures technologiques qui offrirons de nouvelles solutions pour l'après-nucléaire.

Dans la catégorie des ressources inépuisables car renouvelables, nous trouvons :

5. L'hydraulique

C'est la deuxième source d'énergie électrique en France (14%) selon EDF. Elle produit l'équivalent de la région IDF, soit 12 millions d'habitants.
La consommation électrique représente 44% de l'énergie totale consommée en France[22].

Les barrages et les centrales hydrauliques font résolument partie de la stratégie à moyen/long terme, notamment pour rendre des régions auto-suffisantes et avoir des sources proches des lieux de consommation. Toutefois la capacité à créer de nouveaux barrages est quasi-nulle : il faudrait trouver un site approprié avec des caractéristiques géographiques précises, cela aurait des impacts majeurs sur l'environnement et l'homme (inondation de villages, biodiversité). Cette ressource n'augmentera plus désormais qu'à la marge. La situation est probablement identique dans toute l'AER.

Il n'y a pas de croissance forte de l'hydraulique à espérer, les dés sont jetés. Là où il reste des pistes, allons-y très vite.

6. L'éolien

Les éoliennes transforment l'énergie du vent. Le parc français n'est pas assez puissant à date. Une éolienne

---

[22] Source de l'Agence Internationale de l'Énergie pour 2010

produit la consommation de 1.600 habitants. Elle requiert des zones géographiques précises.

Valorisons les vertus de cette source par rapport aux alternatives fossiles. Certains citoyens se plaignent que les éoliennes modifient le paysage ou font du bruit. Ils freinent ces projets. Pourtant ils se trompent de question. Les mines de charbon dénaturent aussi le paysage, il suffit de regarder les terrils dans le nord et la fumée noire que les mines dégageaient. En regardant les photos des gueules noires, on comprend la violence humaine de ces métiers. Le nucléaire ? Il altère aussi le paysage avec ses grandes cheminées comme à Tricastin, du côté de Valence, où elles crachent d'épaisses fumées blanches. Quant au pétrole, jetons un œil aux citernes de stockage de Vitrolles, en région PACA et la pollution aux hydrocarbures générée sur l'étang de Berre…

Il n'existe AUCUNE énergie sans impact environnemental.

En revanche l'énergie éolienne est propre, inépuisable, les éoliennes sont inspirées des moulins à vent. Cette énergie est durable et inoffensive pour l'environnement. Qui plus est, les nouvelles éoliennes sont conçues de manière durable. Leur longévité est de 20 à 30 ans, puis elles se recyclent à 100%[23]. Difficile de s'y opposer dans ces conditions !

L'énergie éolienne est l'avenir. On serait bien inspiré la plébisciter sans ciller, la soutenir pour construire un avenir meilleur. Enfin, elle est source d'emplois locaux. Pas mal, non ?

---

[23] source ADEME

7. Le solaire

Il offre une puissance infinie qui pourrait être la véritable clé de l'énergie de demain. Sauf que nous ne parvenons pas à maîtriser cette énergie ni la stocker malgré des investissements substantiels dans la recherche.
Faut-il privilégier des mini-installations solaires dans des éco-quartiers, ou une centrale ? Comment gérer la régularité des approvisionnements sans capacité de stockage ? Une voie envisagée consiste à l'autosuffisance des foyers.

Les résidences équipées de photovoltaïque réduisent les besoins globaux. C'est une solution gagnant/gagnant : le propriétaire devient indépendant, il produit une énergie propre et la demande en énergie globale diminue.

Les technologies vont continuer à s'affiner, c'est une énergie essentielle pour l'avenir.

Conclusion, mix énergétique

Il n'existe aucune solution simple à court terme. L'énergie génère un impact environnemental, comme toute activité humaine. C'est pourquoi se positionner comme défenseur de l'environnement ne signifie pas être contre l'énergie ou le progrès. Un équilibre est à trouver pour conserver le confort et la prospérité, tout en assurant un avenir serein et vertueux des territoires.

Plus les énergies propres progresseront, mieux ce sera dans la durée pour l'environnement, l'indépendance, l'humain, la santé.

Au niveau de l'AER nous avons besoin de booster l'innovation et d'augmenter le déploiement des énergies renouvelables. Cela crée de l'emploi local, baisse la dépendance à un seul réseau et sécurise l'approvisionnement avec des sources variées.

2. Objectifs chiffrés

Trois objectifs sont à atteindre en collaboration avec la stratégie globale de l'AER :

1. **50% d'énergie propre, maitrisée et auto-suffisante pour l'AER d'ici 10 ans en 2025.** Complétons avec un bouquet de nucléaire <u>sécurisé</u>, de pétrole, de charbon et de gaz <u>sécurisé</u>. La loi de transition énergétique française de 2015 en prévoit seulement 32% en 2030. Ce n'est pas un encouragement suffisant aux énergies renouvelables.

   Voici l'ambition sur la production d'électricité en France :

Sources d'électricité	Aujourd'hui	2025
Nucléaire	74,8%	40%
Hydraulique	11,8%	15%
Solaire photovoltaïque	1,8%	15%
Éolien	2,8%	20%
Pétrole et gaz	8,8%	10%

2. **Baisse de 50% de la consommation d'énergie globale de l'AER d'ici 20 ans, en 2035, par l'efficacité énergétique.**
La loi de transition énergétique française prévoit aussi 50%... mais seulement en 2050 ! Il existe des mesures rapides à mettre en œuvre :

a. Modifier le barème d'électricité pour inciter à consommer moins. Les 1ers kWh seront à bas coût et augmenteront avec la consommation. C'est l'exact opposé du système actuel. Plus on consommera, plus cela sera coûteux afin d'encourager la sobriété et responsabiliser les citoyens. Pour ne pas pénaliser les familles avec enfants par rapport à une personne seule, les prix augmenteront à partir d'un seuil raisonnable établi en fonction du nombre de personnes dans le foyer.

b. Inciter au remplacement des chauffages électriques basiques : mesures fiscales pour soutenir le passage à des pompes à chaleur ou des puits canadiens[24] chaque fois que c'est réalisable et cohérent.

c. Diminuer l'éclairage public de 50% : éteindre la voire entre 2-5h du matin sauf dans les lieux touristiques et très fréquentés. Installer des leds à basse consommation.

---

[24] Cela consiste à faire passer l'air entrant dans des tuyaux enterrés à 1,50 mètre. En hiver, l'air extérieur froid est réchauffé par la chaleur de la terre, et en été c'est l'inverse, l'air chaud est refroidi naturellement par la température basse de la terre.

d. Limiter l'éclairage des monuments historiques aux périodes de vacances seulement + vendredi et samedi soir + jours fériés.

e. Inciter les entreprises et usines à éteindre les locaux la nuit quand ils sont fermés.

f. Contraindre les nouvelles constructions à éliminer les ponts thermiques (isolation creuse, isolation extérieure, etc.) et utiliser des matériaux innovants et efficaces sur le plan énergétique.

g. Encourager la rénovation de l'habitat : exonération fiscale pour la pose de double-vitrage, l'isolation des combles, des sous-sols, etc. La norme actuelle du bâtiment divise par 3 la consommation énergétique des nouvelles constructions (de 140kWh/m2 à 40kWh/m2 en PACA). On va dans le bon sens pour les nouveaux logements.

h. Le secteur public doit montrer l'exemple : toute construction de mairie, prison, école, stade, hôpital doit avoir un bilan énergétique nul ou positif. C'est effectif par décret depuis septembre 2017.

i. Faire des campagnes de communication : expliquer l'importance de la réduction des consommations, les façons d'y parvenir, les bonnes pratiques, les pièges, les avantages fiscaux, les économies financières dans la durée.

3. **Hausse de 50% de la production individuelle d'énergie d'ici 20 ans.** Poussons les citoyens à subvenir partiellement à leurs besoins par des installations photovoltaïques individuelles, géothermiques, biomasse, éolienne individuelle, etc.

Il reste à identifier les objectifs chiffrés et datés pour chaque pays de l'AER afin d'avancer collectivement dans cette voix. Elle rend l'AER autonome vis-à-vis des fournisseurs et crée de l'emploi, réduit la pollution.
L'ambition est forte et commune. L'innovation progressera. Un grand projet de baisse des consommations énergétiques sera lancé.

En termes de diagnostic énergétique, l'Allemagne et les États-Unis ont déjà chacun établi un bilan. Ils ont engagé des programmes de recherche qui optimisent la dépense d'énergie, augmentent la part du renouvelable et, pour l'Allemagne, sort du nucléaire. Pour autant, les options retenues pour parvenir à cette maîtrise énergétique sont radicalement différentes.

Pour les États-Unis, la stratégie repose sur les gisements internes et leur histoire d'expansion grâce aux puits de pétrole. Les barils ont toujours été extraits par les propriétaires terriens. Du coup, les américains souhaitent redémarrer et étendre ces gisements de pétrole, pousser à l'extraction de gaz de schiste par les mêmes propriétaires, voir par de grosses entreprises, particulièrement concernant les exploitations off-shore.

En somme il s'agit de puiser plus, plus loin, sans limite, avec avidité. Il n'y a aucun respect environnemental dans cette approche.

Les américains ne cherchent pas à baisser les gaz à effet de serre, ni l'utilisation du gaz et du pétrole. Ils cherchent à être indépendants. Trump a quitté l'accord sur le climat au 1er juin 2017. Pour lui, qu'importe l'impact sur la planète, il est prêt à transformer sa terre en gruyère.
D'ailleurs, le plus vite sera le mieux.

Parallèlement, le gouvernement américain soutient tout de même les véhicules à faible consommation, les constructions efficaces en terme énergétique, les industries moins gourmandes.

Pour les allemands, l'approche est cohérente avec la vision d'équilibre environnemental de l'AER. Fukushima a sonné le glas du nucléaire dans la conscience de la population allemande. Le gouvernement a donc mis en œuvre un plan sur 10 ans pour abandonner le nucléaire en 2022, puis – seulement après (c'est la critique qui est souvent faite par les français qui défendent le nucléaire) – réduire les émissions de gaz à effet de serre à horizon 2050 grâce au passage aux énergies renouvelables.
C'est une stratégie au long cours. Le pays accepte d'émettre du CO_2 jusqu'en 2022, pour sortir du nucléaire en priorité, puis développer les énergies renouvelables au maximum.

L'Allemagne axe aussi ses efforts sur la recherche scientifique, que ce soit dans la construction efficace en énergie, l'optimisation des énergies renouvelables, ou la réduction des gaz à effet de serre. C'est un sujet qui les préoccupe, pour lequel ils sont engagés, qu'ils abordent dans un ordre de priorité qu'ils ont jugé réalisable.

La stratégie en bout de course est d'exporter ces hautes technologies et innovations dans le secteur de l'énergie vers le reste du monde, assurant ainsi la prospérité de leurs industries et leur force à l'export.

Côté français, la loi de transition énergétique a été adoptée en juillet 2014. Mais elle n'est pas traduite en impact usagers, elle reste absconse et indigeste. On y trouve des perspectives intéressantes, mais dénuées d'ambition.

a) Réduction de la consommation de 50% en 2050
b) 23% de renouvelable en 2020
c) Passage à 40% de nucléaire dans le mix électrique de 2025
d) Baisse de 40% des émissions de gaz à effet de serre d'ici 2030.
e) Rénover 500.000 logements par an à compter de 2017.

En somme, la capacité d'autosuffisance énergétique de l'AER est stratégique.
A l'AER d'avancer en privilégiant la préservation de la nature. On doit converger vers une stratégie globale, efficace et coordonnée.

3. Plan d'économie d'énergie

Les gestes simples d'économie d'énergie sont à rappeler régulièrement par des campagnes de communication. Les consciences s'éveillent sur ces sujets. Chacun peut interroger sa propre consommation.
La démarche de sensibilisation est la même que pour les campagnes de sécurité routière, il s'agit de convaincre dans la durée pour adopter les bonnes pratiques.

Dans la chasse aux fausses bonnes idées, il se dit que les ampoules à basse consommation sont vite périmées dans les cages d'escalier car leur mécanisme n'est pas adapté à une minuterie qui s'allume et s'éteint instantanément. Si tel est le cas, c'est à l'État de communiquer, d'éviter les amalgames, de marteler les bonnes pratiques de façon objective.
Autre exemple, de plus en plus d'entreprises mettent en place des détecteurs de présence dans les couloirs pour éviter la surconsommation, c'est positif.

La moindre économie d'énergie sera bénéfique pour la planète et réduira les charges des foyers et des entreprises.

C'est une mesure typique *d'écolonomie* : bonne pour l'écologie et l'économie.

CHAPITRE 3 : Agriculture, l'élevage et la pêche responsable

Pour vivre en pleine santé dans un espace clément, un certain confort matériel fourni par les énergies propres est nécessaire, mais l'alimentation avec une nourriture saine est aussi fondamentale.

L'AER, c'est un peu comme si nous, européens, dégustions une truite arc-en-ciel élevée en France, dans une eau douce de bonne qualité, accompagnée de persil bio et de pommes de terre vapeur cultivées localement, sans pesticides ni additifs. On a besoin de produits simples, de bonne qualité, locaux, de saison, accessibles dans toute l'AER.

L'agriculture – et plus globalement le secteur alimentaire – est le noyau d'une société durable. La santé découle directement du lieu de vie et de l'alimentation. Pour bien se nourrir, il faut d'abord bien nourrir les animaux d'élevage. C'est en ce sens que nous avons besoin de foin sain, d'herbe saine, d'eau potable. Pas de céréales transgéniques qui souillent les corps des animaux puis ceux des hommes de façon invisible.

Avoir une alimentation saine requiert de lutter contre la pollution des sols, des rivières, des lacs. Tout ce qui est issu de la Terre constitue notre socle commun pur un avenir durable, tout ce qui y pousse intervient dans notre santé et produit un effet à moyen ou long terme.

C'est pourquoi les processus de production de masse sont à revoir fondamentalement pour stopper les abus de la chimie et l'altération du mode de vie des animaux. Ce n'est plus acceptable. Tout est allé trop loin.

Les dérives sont atroces : maltraitance animale, privatisation des semences par des multinationales, réduction de la biodiversité, perturbateurs endocriniens omniprésents, pollution des sols, business sur des questions de santé publique.

Pour toutes ces raisons, l'alimentation est la deuxième priorité phare de l'AER. Un plan décennal sera établi avec des projets communs pour changer la donne et favoriser la protection de la santé de tous les vivants.

Clarifions au préalable la position éthique de l'AER sur le processus d'innovation dans son ensemble.

1. OUI franc au progrès… avec le principe de précaution

Les innovations se multiplient pour faire pousser les végétaux plus vite, rendre les plants résistants à la sécheresse, les animaux plus gros en un temps réduit. Cela pourrait être la voie du futur pour nourrir décemment tous les humains, à condition de scruter la chaîne de production complète dans la durée et d'agir dans le sens de l'intérêt général. L'innovation alimentaire, qui peut impacter la santé publique, n'a rien à voir avec l'innovation technologique qui touche un bien de consommation inerte comme un téléphone (même s'il peut aussi impacter la santé plus indirectement via les ondes qu'il émet).
Il est indispensable de mesurer les substances qui atterrissent dans nos corps, notre terre, notre eau au travers de nos modes de production et de consommation. Cessons de mettre des œillères sur les

ressources dévastées, essorées, la pollution des terres agricoles, la souffrance des animaux et des hommes.

La vie sur Terre est un concept systémique. Ce que l'on y prélève y retourne toujours d'une manière ou d'une autre, par les sous-sols par la pollution des rivières, par la retombée des pollutions atmosphériques quand il pleut, etc. Les saletés que l'on y injecte circulent à travers les éléments, perdurent et s'insinuent dans des productions entachées. Préserver la qualité de l'eau, de l'air et des sols est primordial.

Concernant les aliments boostés génétiquement, quel est l'état des connaissances ? Affecteront ils la santé au fil des années à force d'être ingérés quotidiennement ? La question est légitime.
Aujourd'hui déjà nous avons une illustration concrète qui nous alerte : le cas du pain et des pâtes. Le blé a été l'un des premiers aliments modifiés génétiquement pour accroitre son rendement. L'ADN du blé a été modifié, passant de 14 à 42 chromosomes. Son patrimoine a ainsi été multiplié par 3, ce qui est colossal. Il existe encore des études à l'INRA sur l'impact de ces gènes…
Pourtant l'impact est observable dès aujourd'hui : l'Homme a développé une intolérance au gluten, protéine que l'on trouve abondamment dans le blé.
Cette nouvelle intolérance semble directement liée à la manipulation génétique effectuée sur le blé. Désormais certaines personnes ne peuvent plus consommer ni pain ni pâtes, sous peine de grandes souffrances physiques ! C'est un cycle camusien absurde. Où est le progrès ?

Quelques mois de tests seulement sur l'homme pour entériner une consommation régulière et prolongée de blé transformé ? On sent bien que c'est insuffisant - sans être scientifique - c'est une question de bon sens.

On ne peut pas raisonnablement comparer des études brèves de quelques mois avec l'effet d'aliments absorbés quotidiennement, année après année par l'homme ET par l'animal pour certains produits. Dans ce cas il y a un double effet lent et insidieux. Les impacts se mesurent dans la durée. Regardons la réalité pour protéger immédiatement la santé.

Prenons l'exemple du traitement hormonal à base d'œstrogène qui a été prescrit pendant des années aux femmes en cours de ménopause. Il a révélé <u>20 ans plus tard</u> qu'il avait accru les risques de cancer du sein ! Si on avait étudié les effets sur les patients durant 10 ans avant de commercialiser, on aurait probablement détecté les prémisses du mal. On aurait pu protéger ces femmes. On les tue au lieu de les guérir ! C'est un comble.
Encore une fois où est le progrès ?
Regardons la vérité. La ménopause, elle, n'a jamais tué personne.

Souvenons-nous aussi des injections pratiquées sur certaines femmes pour prévenir le cancer de l'utérus. On s'est aperçu qu'elles déclenchaient dans certains cas des scléroses en plaques. Là aussi, en prenant le temps nécessaire, on l'aurait vu. Notre bien-être durable passe par le respect des rythmes naturels d'assimilation, donc des temps d'expérimentation longs dans le secteur de la santé.

Or le profit immédiat guide le monde capitaliste actuel, si bien que les laboratoires valident le plus vite possible leurs avancées. Michèle Rivasi, député européenne d'EELV, dénonce ce fonctionnement. Le lobbying, la collusion avec l'état, la marchandisation des médicaments. Elle a lancé une opération « Mains propres sur la santé » dans cet état d'esprit.

Cessons de prendre des risques avec notre santé et celle de nos enfants. Accordons du temps au temps.

La santé de l'être humain et de la nature sont indissociables.

Comme certaines analyses sont tronquées car produites sur une échelle de temps et dans des conditions sans commune mesure avec l'utilisation future, il faut changer les règles pour protéger la santé publique.

Le temps est l'élément crucial. Comme l'exprime Sénèque, *donner du temps est un don, car ce temps accordé est un cadeau. Il ne reviendra jamais.*

Le temps est une drôle de chose, étirable et rétractable. Dans sa jeunesse, on brûle du désir d'être adulte pour devenir libre. Âgé, on rêve de ralentir le temps pour savourer la vie plus longtemps et tenir la mort à bonne distance. Le temps s'apprécie de manière variable selon les moments de notre existence. Interminable ou trop rapide, il nous échappe.

Pourquoi être si pressé ? Vivons, laissons à l'arbre le temps de pousser et à l'homme le temps de vivre. Passons à la slow-life. Laissons le temps à l'expérimentation génétique de montrer ses effets sur la durée.

C'est la seule solution pour la santé.

L'expérimentation des produits issus d'une transformation chimique devra se faire sur quelques parcelles et élevages choisis. Ce sera peut-être la solution révolutionnaire pour alimenter une population qui grandit… mais ce sera peut-être aussi le meilleur moyen de nous rendre malades et nous faire périr prématurément.

Mesurons les impacts des « accélérateurs de croissance » et de la chimie en général pendant 10 ans avant de franchir le cap d'une validation et d'une commercialisation. Cette latence de sécurité sanitaire requiert des subventions financières de l'AER pour soutenir la recherche. Un laboratoire ne peut pas supporter seul le coût de latence. Un système juste est à trouver avec les laboratoires.

Dans notre monde haletant, cela parait impossible. Pourtant c'est une question de volonté, de vision de société, de philosophie. Dans la société d'équilibre environnemental de l'AER, l'élasticité du temps reprend une place pleine et entière. Sans précipitation.

La protection de la santé passera aussi par la taxation des produits entrants sur notre territoire avec des normes moins exigeantes dans l'AER. Ces produits qui ne respectent pas nos standards doivent afficher un « prix global » sincère entre des produits sains mais plus coûteux car plus longs à produire et des produits « à risque sanitaire potentiel ». Une taxe peut rétablir l'équité dans le prix global, doublée d'un étiquetage « Hors qualité AER ». C'est une mesure de santé publique pour que les plus pauvres ne soient pas les victimes des produits dangereux à bas coûts.

Alors OUI au progrès, sans ambiguïté. Mais OUI avec la même force au temps raisonnable d'expérimentation.

Favoriser le progrès, encourager la recherche et l'innovation dans tous les secteurs (lutte contre le cancer, isolation thermique, etc.), c'est essentiel pour l'AER, nous y reviendrons. En revanche le fonctionnement est particulier dans le secteur de la santé publique.

2. Production durable et étiquetage

Pendant la période de 10 ans d'étude sur les effets de la chimie, revenons au bon sens dans l'alimentaire en soutenant les méthodes de production écologiques dans l'agriculture et l'élevage.

Les agriculteurs, les éleveurs, les pêcheurs sont essentiels à notre vie. Leur métier requiert un travail physique éprouvant. La France est devenue un pays de services où les gens travaillent majoritairement dans des bureaux et des commerces. L'agroalimentaire, qui pèse seulement 2,5% des emplois en 2013 (source INSEE) est pourtant un pilier d'une société durable !
Dans ces métiers, la météo est subie, les heures ne se comptent pas lorsque la moisson doit être faite ou qu'un animal met bas. Ce ne sont pas les 35h qui règnent. L'exploitant n'a pas le choix du moment, son activité dépend du climat et du vivant. C'est précisément cela qui en fait un métier admirable et noble. Il requiert des efforts physiques, de la disponibilité à tout instant, de l'attention au vivant.

Valorisons ce secteur, les prix doivent remonter pour refléter la qualité, quitte à consommer moins, mais mieux.
Ne restons pas les bras croisés face aux 300 suicides d'agriculteurs par an. Ce désespoir attend une solution de l'AER.

L'alimentation durable ne passe pas par une production à la chaîne, mais par une production qualitative. Nous partageons la planète avec tous les vivants, qu'il s'agisse d'animaux, d'arbres, de plantes. Tout est lié, un fil rouge nous relie.

Il est temps de remettre les compteurs à zéro.
On va étudier la capacité de production globale de l'AER, les besoins internes de la population et la volonté d'export pour établir une feuille de route cohérente.

Avant de développer la stratégie agroalimentaire de l'AER, revenons brièvement sur la sémantique. Le terme « écologique » revêt diverses interprétations. On distingue trois grandes familles :

- <u>Produit naturel</u>

C'est un produit issu de la nature, sans ajout. Il est pur par essence. Il existe cependant des substances toxiques pour l'homme dans la nature. Tout produit naturel n'est pas forcément ingérable par l'homme.

- <u>Produit bio</u>

C'est un produit certifié, contrôlé, qui contient en général 95% d'ingrédients naturels, pas d'OGM, pas d'engrais chimiques, pas de pesticides, etc. Le label bio est un gage de qualité, avec une quantité minime de produits chimiques fabriqués par l'homme.

- <u>Produit écologique</u>

C'est un produit issu d'une production qui minimise l'impact environnemental sur toute la chaîne de fabrication. Il peut y avoir des pesticides, mais à faible dose. Le concept est plus global que le bio car il vise à réduire tous les intrants (eau, énergie, pesticides, engrais chimiques) et à tenir compte de la biodiversité[25]. Cette appellation est - à l'inverse - moins encadrée que le bio.

Les produits qui ne sont ni bio ni écologiques sont le royaume des producteurs de masse qui ne se gênent pas pour incorporer moult substances chimiques.

L'AER a clairement vocation à s'engager dans le bio et la production écologique, c'est-à-dire dans une agriculture, un élevage et une pêche respectueuses de la nature et de l'homme.
Les labels traditionnels en France (AOC, AB, Label Rouge) et les labels européens sont des précurseurs. Ils ont ouvert la voie. On peut aller plus loin au niveau de l'AER et inscrire l'anti-TAFTA à grande échelle.

Pour démarrer la sensibilisation au bien manger, introduisons un étiquetage obligatoire construit autour de 4 concepts :

---

[25] Site CIRAD.fr

- Le mode de production (bio ou proche du naturel en tous cas),
- L'origine des aliments,
- Les gaz à effet de serre produits sur toute la chaîne
- La valeur nutritionnelle.

1. Production :

Le premier critère de notation est le degré de naturel lié au mode de production. Il s'appuie sur des critères comme l'élevage en plein air, les m^2 disponibles pour l'animal, l'absence de stéroïdes et d'antibiotiques, l'absence de sucres ajoutés, de pesticides, d'engrais chimiques, nitrates, OGM. C'est aussi le mode d'abattage contrôlé et sans violence pour l'animal, effectué au plus proche du lieu de production. C'est enfin la taille de l'exploitation, les très grosses exploitations étant néfastes.

Prenons l'exemple concret de l'étiquetage du poulet

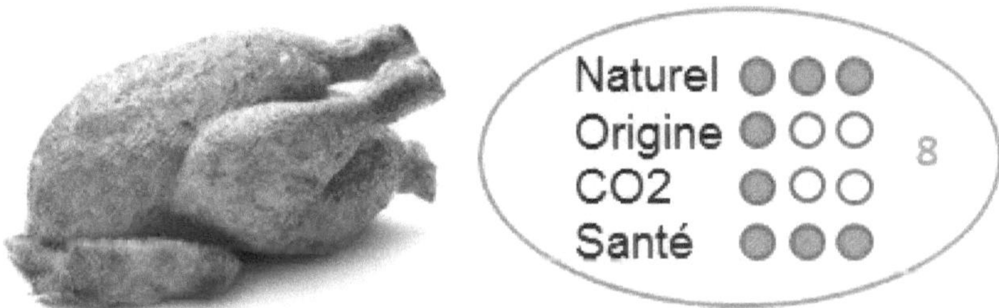

- Naturel : élevage en plein air, alimentation bio, dans des fermes de petit dimension ➔ bien noté
- Origine : sud de l'Espagne pour une consommation en France ➔ mal noté

- <u>CO2</u> : transport à plus de 30 km de distance vers les abattoirs, conditionnement plastique, transport vers le client en conditionnement individuel avec barquette plastique. ➔ mal noté
- <u>Santé</u> : la volaille est source de protéines et peu calorique. ➔ bien noté.

2. <u>Provenance :</u>

Le deuxième critère concerne le lieu de provenance et la traçabilité des ingrédients ➔ origine des ingrédients. Comme pour le mode de production responsable, plus il y a de pictogrammes verts, mieux c'est.

Exemple : Paëlla achetée sur le marché

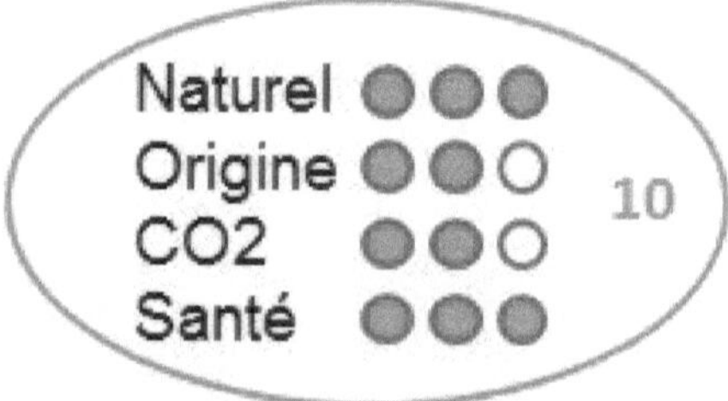

- <u>Production</u> : paëlla du jour préparée avec des aliments frais produits en label bio ➔ bien noté
- <u>Provenance</u> : riz de Camargue, moules du bouchot, chorizo d'Espagne, calamars d'Espagne. Tout est plutôt proche et traçable. ➔ note moyenne +
- <u>CO2</u> : transport des ingrédients bruts en camion. Pas de transport du produit fini qui

est cuisiné sur place. Conditionnement plastique sur place, vente locale sur le marché. Pas de transport pour la distribution. ➜ note moyenne +.
- <u>Santé</u> : peu gras. ➜ bien noté.

Gardons-nous cependant des préjugés hâtifs sur la provenance.

Certains aliments peuvent venir de loin (traçabilité basse – risque de passage par plusieurs sous-traitants) et être acceptables d'un point de vue environnemental car ils apportent une diversité alimentaire qui ne peut pas être produite dans l'AER. C'est le cas des avocats du Pérou. Ils viennent de la forêt amazonienne, c'est-à-dire d'un lieu de production abondant, propice et naturel. Peu volumineux, ils prennent peu de place dans le transport et voyagent en grande quantité sans packaging, généralement en bateau. C'est un mode de transport moins émetteur de CO2 que le camion ou l'avion. Pour ces avocats, il est potentiellement plus écologique d'acheter ces produits venant de loin que de les faire pousser localement sous des serres qui consomment de l'énergie.

Cependant le produit n'étant pas local il convient de ne pas en consommer avec excès en tant que consommateur.

En dernier lieu c'est au consommateur que revient le choix. Préférer des produits locaux, meilleurs pour l'environnement, ou rechercher la diversité, c'est un mix personnel à trouver.

3. <u>Les gaz à effet de serre (GES) émis lors de la production, simplifié en « CO2 » :</u>

Le troisième critère de notation concerne le taux de CO2 émis sur toute la chaîne : production, transport, packaking, distribution. Ce volet vise à la réduction des gaz à effet de serre pour lutter contre le réchauffement climatique.

Exemple : les abricots de Bergeron produits dans la vallée du Rhône.

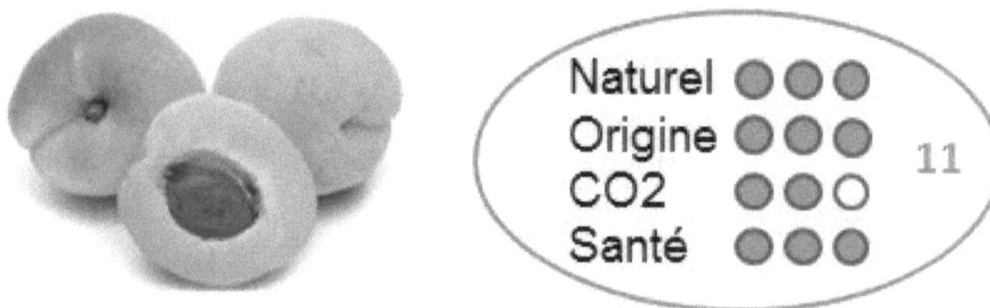

- <u>Production</u> : petites exploitations locales, en coopératives, bio ➜ bien noté
- <u>Provenance</u> : France ➜ bien noté
- <u>CO2</u> : pas de pakaging, du transport. Les abricots sont petits, ils sont transportés facilement sans conditionnement individuel. C'est un atout pour limiter les émissions de GES. En revanche ils transitent majoritairement par fret routier, très émetteur de GES. Il existe des pistes de progrès via le transport fluvial et le ferroutage ➜ note moyenne +.
- <u>Santé</u> : riche en vitamine A et en potassium ➜ bien noté.

4. <u>La valeur nutritionnelle :</u>

Quatrième critère : la valeur nutritionnelle. L'objectif est de permettre à une personne en surpoids, ou souffrant de diabète, de mesurer facilement la qualité nutritionnelle d'un produit. Plus il y a de ronds, moins il y a de graisses, de sucre, de sel, etc. plus c'est sain pour le corps.

Exemple sur les œufs :

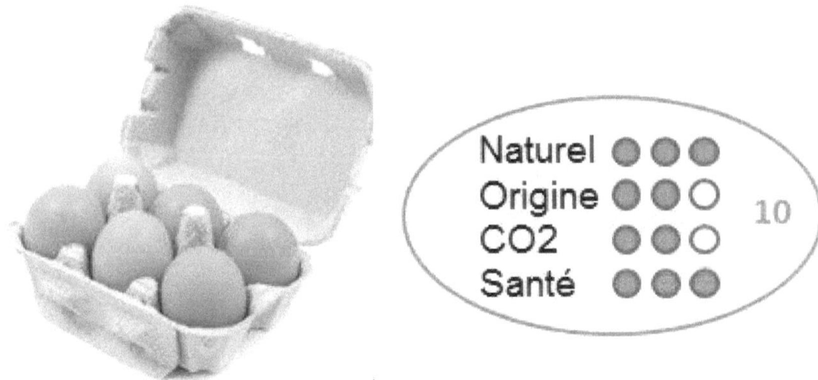

- <u>Production</u> : sans élevage intensif, poules élevées en plein air et non en batterie, avec des aliments bio → 3 pastilles vertes
- <u>Provenance</u> : produit en France sur 3 exploitations réparties sur le territoire → 2 pastilles moyen +
- <u>CO2</u> : transport routier, en petit conditionnement, chargement optimisé en boites en carton recyclé & recyclable → 2 pastilles moyen +.
- <u>Santé</u> : apporte des protéines, sans gras → 3 pastilles bien noté.

<u>Synthèse</u>

Cet étiquetage européen responsable a pour vocation d'être simple et irréprochable. Il concerne la qualité des produits fabriqués dans l'AER. Il s'accompagne de contrôles réguliers (nombre d'exploitations, taille, contenants, nombre de sous-traitants, packaging).
Il ne s'agit pas de multiplier les contraintes mais de soutenir l'activité et la hausse des prix en valorisant de bons produits. Cet étiquetage sera lancé dans les médias, expliqué, contrôlé par des instituts indépendants. Nous pourrons alors acheter en connaissance de cause, en confiance et au juste prix pour que les producteurs en vivent décemment partout dans l'AER.
Plus le produit possède de pastilles vertes, plus il est durable. L'application « Yuka » a déjà révolutionné certains achats grâce à son évaluation, renforçons le processus de notification par cet étiquetage.

Des chinois en visite en France déclaraient dans un reportage qu'ils allaient importer du lait et du porc français plus goûteux que le leur. Chez eux, la production intensive a détruit les saveurs.

La production saine de l'AER deviendra un atout commercial pour l'export haut de gamme s'il y a des surplus de quantité et surtout pour le tourisme responsable en France. On viendra aussi en Europe pour bien manger.

Dans une logique durable, la production de l'AER est avant tout destinée aux habitants de proximité, puis aux régions, puis aux pays de l'AER. Seulement en dernier, ces aliments sont destinés à l'export de luxe à haute valeur ajoutée. Protégeons notre santé et protégeons la planète AVANT les intérêts capitalistes.

Dans un reportage d'Élise Lucet en septembre 2016, cette dernière présente le pouvoir des lobbys alimentaires, celui de la viande en particulier. Ils dépensent des millions pour soutenir - par exemple - un jambon rose contenant des nitrites, une substance cancérigène !
Ils vont jusqu'à discréditer des scientifiques, payant des études contraires pour semer le doute. Ils exercent des pressions permanentes sur le nombre d'emplois créés auprès des élus. Le reportage est glaçant. On constate qu'il y a bien trop d'intérêts financiers dans ce secteur.

Le professeur Serge Herberg a lui aussi inventé un système d'étiquetage, qui contient 5 couleurs sur la qualité nutritionnelle. Marisol Touraine, ministre de la santé du gouvernement Hollande, a choisi de ne pas l'imposer en France car il déplaisait aux lobbys. La santé est passée au second plan pour notre ministre de la santé.
L'Europe elle aussi a proposé un système de pastilles pour la lisibilité alimentaire... qu'elle n'a pas réussi à imposer davantage, pliant sous la pression des lobbys.
Les solutions existent, l'urgence est de changer et d'appliquer un étiquetage clair dans l'AER.

3. La complémentarité alimentaire : la PACAER

Définissons une politique agricole commune au sein de l'AER qui coordonne les capacités entre pays et assure la diversification des produits. La complémentarité alimentaire se basera sur le respect des contraintes géographiques et climatiques propres à chaque pays.

En Espagne, au Portugal et en Italie, on encouragera une production qui requiert un soleil intense : oranges, tomates, chèvres. Déjà aujourd'hui, la France n'est que quatrième producteur européen de nectarines derrière l'Italie, l'Espagne et la Grèce. C'est cohérent du point de vue environnemental.
En Allemagne et en Autriche à l'inverse, il s'agira d'encourager les produits laitiers issus des Alpes, les pommes, le lait, etc. Dans les Pays-Bas, soutenons plutôt les élevages de porcs et de bovins qui pâturent dans les prés de ce plat pays.

L'objectif est de définir une complémentarité alimentaire sur 50 ans avec l'utilisation équilibrée de notre terre nourricière, sans concurrence inter-pays, avec l'ambition d'une alimentation saine et variée pour tous les pays de l'AER.
C'est une orientation générale et un appui financier. Chaque pays reste libre de créer d'autres exploitations.

Le rôle de la PACAER sera d'aider les petits exploitants pour privilégier le naturel et le local avec la mutualisation des ressources, la fiscalité, les financements. Les gros faiseurs sauront toujours s'organiser eux-mêmes. Or aujourd'hui dans l'UE, la PAC favorise les grosses exploitations…

Nous ne ferons pas comme l'UE qui a donné 51 millions d'euros pour le producteur français « Doux » entre juin 2012 et juin 2013 pour exporter des poulets low-cost élevés en batterie. Autant s'arracher les cheveux. Des poulets bas de gamme produits en France avec l'argent de l'UE à destination du marché d'export ?

Cette PACAER sera à construire dans le détail avec les états. Elle permettra à chaque pays de s'organiser à long terme : investir dans les installations collectives du type coopératives, créer des moyens d'acheminement moins polluants, distribuer en circuits courts (marchés par exemple), définir une politique de prix assurant une bonne rentabilité aux exploitants. Elle permettra enfin une prospérité du secteur agroalimentaire pour chacun des pays et une vraie synergie.

Le monde contemporain est devenu complexe à décrypter. Les multinationales « mastodontes » ont un pouvoir gigantesque, sans préoccupations des logiques durables. L'AER a un rôle stratégique sur l'alimentation du futur.
C'est la PAC avec un CAP.

4. L'autoproduction agricole

Autrefois, des jardins ouvriers étaient disponibles à moindre coût pour les habitants des villes. Il s'agissait de parcelles subventionnées par l'état auxquelles les ouvriers pouvaient prétendre pour cultiver un potager. Ce principe est à réinstaurer dans la ville du futur.

L'idée consiste à mettre à disposition un espace jardin de 10m2 pour chaque foyer logé en appartement dans le centre d'une grosse agglomération. Tout citadin pourrait ainsi entretenir son contact avec la nature, cultiver ses propres tomates, choux, salades ou avoir quelques animaux d'élevage de petite taille.

L'Homme doit renouer avec la terre, l'origine de sa nourriture. Cela redonne aussi une valeur et du contexte aux actes banalisés comme acheter des œufs au supermarché. Posséder un poulailler, l'entretenir, récupérer les œufs quotidiennement, c'est un travail qui requiert des heures.

Les jardins permettent aussi des rencontres entre « jardiniers du dimanche », une opportunité de dialogue autour des fleurs, de la cueillette, des insectes, des herbes folles, du gel ou de la sécheresse. Des questions qui jouent un rôle dans notre alimentation durable.

A l'état et aux collectivités d'identifier ces espaces, de les structurer, de définir un coût mensuel. Une navette collective fonctionnant à l'électrique pourrait s'y rendre depuis la ville.

Encourageons aussi les villas, résidences, logements avec terrasse à devenir de micro-producteurs : potagers, aromates, compost, poules, etc. Le soutien peut prendre la forme d'une aide à l'achat de matériel par exemple.

En cas de pénurie brutale liée à une grève, une intempérie, un conflit, un virus, on éviterait la panique, chacun ayant des ressources à minima pour s'alimenter.

Cette proximité avec la nature apporte enfin équilibre et sens.

S'alimenter, même ponctuellement, avec des produits issus de son propre travail permet de ressentir

charnellement l'importance de la nature. Sentir viscéralement aussi sa fragilité face au climat, sa complexité, pour prendre soin de la planète et prendre soin de soi.
Cette reconnexion est vitale pour nous rendre humains.

5. De l'art de bien-manger

Au-delà de la qualité des produits alimentaires, on peut intervenir sur l'acte de se nourrir.

Le repas est un moment de vie et de partage. S'assoir autour d'une table, accorder du temps au dialogue, se détendre entre amis ou en famille, font partie du bien-vivre ensemble dans l'AER.
Les déjeuners et dîners sont des moments de convivialité inscrits dans la culture européenne. Ces traditions ont du bon sens, qui permettent de tisser du lien social et favorisent le débat.

Notre rôle est de les protéger de la culture fast-food, de valoriser ces habitudes positives à la fois pour le corps et l'esprit.

La spontanéité peut pousser à lancer une invitation sur un coup de tête ? Qu'à cela ne tienne, on se met en route pour acheter des denrées alimentaires, trouver des recettes originales, cuisiner, dresser la table, ouvrir une bonne bouteille... et c'est parti pour des heures de discussions endiablées ! Ces coutumes alimentaires sont précieuses, elles permettent une respiration dans un quotidien rythmé et apportent de la gaîté.

Prendre le temps de s'esclaffer à table, de s'enflammer, de savourer chaque met. Le temps, encore une fois, est la clé du bien-manger, comme dans le processus de production.

Mais ce socle social est aussi bénéfique pour la santé. Aux États-Unis la proportion d'obèses est tristement remarquable : 41 états sur 50 ont plus de 25% d'obèses. Ces données sont aux antipodes de l'esprit européen du bien manger et éloignées de l'équilibre entre l'homme et la nature que nous défendons pour l'AER.
Lorsqu'un être humain ingurgite autant de gras, de sucre, abime son corps et sa santé, mange vite, sans marcher, ce n'est pas une consommation positive.
L'art de bien manger est à élever au rang d'art de vivre.

Aujourd'hui cet art est mis à mal à cause des produits de mauvaise qualité d'une part, et à cause de la financiarisation liée au modèle capitaliste d'autre part, qui exige que chaque instant soit rentable. Il faudrait manger rapidement, car c'est du temps perdu pour la croissance, du temps non travaillé… quelle épouvante !

Préservons au contraire le patrimoine des pays latins qui plébiscitent une vraie pause déjeuner pour déguster les repas en fin gourmets. De la même manière qu'il y a un temps incompressible pour que la Terre effectue une rotation sur elle-même, ou qu'il y a un temps de gestation incompressible pour faire un bébé, ou qu'il existe un temps de pousse incompressible pour que des boutures deviennent racines, il y a un temps incompressible pour s'alimenter correctement.

Chercher à rentabiliser chaque minute de la vie quotidienne est une aliénation de l'Homme. Cela l'éloigne de l'équilibre environnemental, de sa place sur Terre et dans la société, en interaction avec autrui.

C'est pour cela qu'aimer s'alimenter et y accorder le temps nécessaire participe à une Europe humaniste et durable, avec une santé préservée pour chaque citoyen. Une bonne alimentation à d'autres bienfaits. Elle éloigne les maladies cardiovasculaires, le diabète, le burn-out, etc. Les vertus vont bien au-delà du simple besoin de calories pour la journée, c'est un programme santé.

Une importante campagne de communication sera déployée dans tout l'AER pour enseigner l'importance de la nourriture dans la santé et le lien social.
Concernant la place de la viande dans l'alimentation, de nouvelles considérations ont émergé qui nous poussent à revoir nos assiettes. Le respect l'animal et du vivant impose d'en produire moins et dans de meilleures conditions, mais aussi d'en consommer moins. Cela redevient un bien d'exception qui n'est pas présent à tous les repas, ni tous les jours.

Faisons-nous du bien en mangeant bien.

6. L'exigence du consommateur

Plutôt qu'une description de l'exigence de chacun en tant que consommateur, voici le récit d'une aventure qui m'est arrivée à Marseille et qui illustre à elle seule l'intention de ce chapitre.

J'ai acheté un panini jambon-fromage à 4 euros dans une galerie marchande. Lorsque j'ai croqué dedans, j'étais à deux doigts de le recracher tout de go. Le pain était fade, sans consistance. Le jambon était sans saveur, gorgé d'eau. Le fromage était blanc - depuis quand le gruyère est-il blanc ? - sans goût ni odeur. Le total était une pâte informe.
J'ai mâché ce « truc » infâme à moitié, puis je l'ai jeté avec un haut le cœur et de la colère. Il n'y avait rien à sauver dans ce panini.

Comment peut-on transformer un produit simple, avec trois ingrédients (pain, jambon, fromage) en une « chose » infecte composée de produits discount sans goût ? C'est un scandale.
En France, pays de la gastronomie, c'est une aberration. Un panini est FORCEMENT bon. La sanction, je suis la seule en tant que consommatrice à pouvoir la donner. Je ne mettrai plus les pieds chez ce marchand, je le ferai savoir autour de moi sur les réseaux sociaux pour éviter cette déconvenue aux autres. Le cuisinier finira bien par changer de pratiques si le consommateur se rebiffe.

Car c'est bien à nous tous, consommateurs de l'AER, de refuser ces produits non qualitatifs. A nous de cesser des achats qui dégradent notre exigence alimentaire. Plus nous écarterons le bas de gamme, plus les commerçants réviseront leurs offres. Il ne s'agit pas de prix mais de qualité.

Payer quelque chose qui ne nous satisfait pas est un non-sens. La sanction économique réside entre nos mains, tous les jours à travers nos achats. C'est cette exigence d'achat qui est importante. Chaque acte

d'achat façonne la vie commerçante, on ne peut plus se dire que c'est un bien de consommation, que l'on fait ce que l'on veut. Ce bien, cette nourriture, ils ont un coût environnemental, ils ont un coût social sur l'emploi, ils ont un coût sur la santé.
L'exigence de qualité doit prendre le dessus.

Les réseaux sociaux amplifient le bouche-à-oreille. Ce partage transparent permet d'éviter les arnaques, comme les commentaires sur rbnb sur un logement qui était sale, ou sur blablacar avec un chauffeur qui conduit trop vite.
Nos choix sont conscients, ils sculptent le visage de la société, des rues commerçantes qui bordent nos appartements. Sans achat en bas de chez soi, les magasins ferment et sont remplacés par des banques ou des programmes immobiliers. Sans exigence de qualité dans nos achats, le prix de vente poursuit son diktat sur les salaires, la croissance perpétuelle, la pollution. Il s'agit de sortir de ce schéma. Nos achats en tant que consommateurs sont des armes redoutables si elles sont utilisées avec lucidité et discernement pour le bien-être collectif.

On parle aujourd'hui beaucoup d'achats responsables, des achats qui intègrent le peu de km parcourus par les produits pour arriver jusqu'à nous, qui intègrent aussi un tarif de vente raisonnable qui permet au producteur ou fabricant de vivre dignement sans abuser du consommateur, des attitudes gagnant-gagnant. C'est l'avenir.
Les achats responsables se développent aussi dans les entreprises qui souhaitent maîtriser leurs approvisionnements, qui favorisent la qualité de leurs

achats et souhaitent créer des relations de partenariat. C'est en général un succès car au-delà des aspects cités, la confiance client-fournisseur pousse à la fidélisation, parfois à la co-construction d'innovations au regard de nouvelles tendances du marché, c'est véritable un atout stratégique dans la durée.

De la même manière, il faudra bientôt s'interroger sur les centres-villes que nous appauvrissons en achetant sur internet des produits venus de Chine ou d'ailleurs... L'achat en ligne, dans un entrepôt situé à des milliers de kilomètres, sans mettre les pieds dans un commerce de proximité, c'est la mort des petits commerçants.

Nos achats ont des conséquences, à nous d'agir.

7. Diversité contre hégémonie des marques distributeurs

Les produits des marques distributeurs comme Carrefour, Leclerc, Intermarché, etc. se multiplient dans les rayons. Ils occupent même parfois une place prépondérante. Ils peuvent être moins chers que ceux d'une marque classique (ex. Danone, Panzani, D'Aucy, etc.) grâce à la puissance économique de la grande distribution, mais pas toujours. Ces produits de marque distributeur investissent et distribuent dans leur propre réseau, peuvent déréférencer une marque traditionnelle qui n'accepte les conditions financières de distribution, ce sont les distributeurs les maitres du jeu.

Que se passerait il si ces produits distributeurs obtenaient le monopole ?

Cela réduirait la diversité. Nous n'aurions plus de choix, les marques anciennes feraient faillite. C'est pour cela que chacun de nous de lutter contre les monopoles, particulièrement alimentaires. Ils ont un double effet, la baisse de la variété d'abord, puis la baisse du pouvoir d'achat. En effet, c'est la loi du genre. En situation de monopole, une entreprise finit par utiliser ses clients comme des vaches à lait et remonte ses prix de vente.
Rappelez-vous Orange : ses forfaits mobiles étaient les plus chers d'Europe car Orange était l'unique opérateur en France. L'ouverture de la concurrence grâce à la libéralisation du marché des télécoms a fonctionné de manière saine.
D'autres opérateurs ont fait leur entrée sur le marché des forfaits mobiles. Puis c'est surtout grâce à l'arrivée de Free, fin 2011, que le marché a évolué. Les prix sont devenus raisonnables : ils ont baissé de 11,4% en 2012[26]. C'est dire combien les consommateurs étaient « extorqués ».
L'emploi dans le secteur, lui, s'est maintenu[27] car il y a eu une hausse du nombre de forfaits vendus. Au final, une concurrence constructive qui a fait bouger les lignes. La concurrence est importante pour garder un équilibre de prix. Elle prévient les abus de position dominante.

Le risque de monopole est présent aujourd'hui dans l'alimentaire. La grande distribution place de plus en plus de produits de sa marque et étouffe les petits producteurs qui fabriquent. Elle achète à très bas prix, prélève une marge intermédiaire puis vend à un prix stable ou en hausse, sans redistribuer équitablement la valeur ajoutée vers ses producteurs. Co sont pourtant

---

[26] Source Arcep
[27] Source UFC-Que Choisir

eux les faiseurs. Dans le pire scénario, la grande distribution va jusqu'à écraser la rémunération des producteurs au prix plancher tout en augmentant les prix vis-à-vis du consommateur. Un effet éventail qui accroit sa marge pour son seul et unique profit.
L'homme est décidemment un loup pour l'homme.

Les marques et les producteurs dépendent forcément des distributeurs pour écouler leurs produits. Pour éviter les monopoles, à nous d'agir concrètement par nos comportements d'achats.
Ça tombe bien, c'est simple !
Notre pouvoir est financier et il est collectif : poursuivons nos achats avec les marques classiques que nous aimons, même pour quelques euros de plus. Valorisons l'histoire d'un produit, la marque, ses engagements environnementaux, sans regarder exclusivement le prix. Ne laissons pas l'économie immédiate de quelques euros régir nos vies, ou participerions pas à la concentration des pouvoirs qui un jour se retournera contre nous.
Sortons d'un supermarché – si nous allons en grandes surfaces - avec un caddie mixant des marques industrielles et des marques distributeurs. Varions, diversifions nos choix, créons la concurrence.

Gardons-nous cependant aussi des caricatures car la grande distribution joue malgré tout un rôle essentiel. Elle challenge les marques classiques et permet de maintenir des prix raisonnables pour tous. Nous avons besoin d'elle tout autant que des marques pour équilibrer les prix et la qualité.

Pour conclure et mettre en place la sobriété dans l'utilisation des ressources naturelles, il nous faut aussi baisser notre consommation.
Notre nourriture conditionne notre futur et celui de nos enfants.

Le principe général reste identique à l'énergie : produire mieux, consommer moins.

CHAPITRE 4. Emploi à haute teneur technologique et industrie

Le XXIème siècle est un monde connecté. Un bambin de 4 ans est plus habile sur une tablette qu'un adulte de 40 ans !

Après l'indépendance énergétique et l'alimentation, l'avenir de l'AER passe par les hautes technologies. Poursuivre cet avènement, inventer de nouveaux équipements sophistiqués, cela « semble » le sens de l'histoire.

« Semble », car éviter de s'interroger risquerait de nous ramener dare-dare vers le modèle capitaliste.

S'interroger sur les hautes technologies dans absolument tous les produits du quotidien : pour obtenir quoi ? Cela nuit-il à la santé ? A la longévité du produit ? Est-ce que cela soulage d'efforts physiques ? Existe-t-il un impact sur la planète ?

Les nouveaux réfrigérateurs disposent d'écrans de contrôle installés sur leur porte. Ils consomment dès lors plus d'énergie et devront potentiellement être réparés plus tôt : est-ce un progrès ou une fonctionnalité marketing participant à l'obsolescence programmée d'un produit ?

Quelle est la réelle valeur ajoutée de cette évolution ? Les réfrigérateurs n'ont-ils pas toujours bien fonctionné avant ? L'impact énergétique et environnemental n'est-il pas prioritaire à ce gadget ?

On observe que la durée de vie des équipements électro-ménagers raccourcit alors qu'ils devraient être devenus inusables. Il y a de quoi s'étonner. La durabilité est un critère essentiel pour préserver l'environnement, de même que la facilité de réparation.

Les hautes technologies sans but sont superflues. Ces technologies ont plutôt vocation à offrir du pérenne dans les produits historiques et de l'innovation sur les nouveaux usages.

A nous, citoyens, de faire une nouvelle fois des choix éclairés. Sur certains équipements, le « low-tech » ou l'approche « basses technologies », comme par exemple des produits mécaniques plutôt qu'électroniques – sont à privilégier pour obtenir la durabilité de produits sur 20 ans : fours, machines à laver, etc.
A l'inverse le « high-tech » ou l'approche « hautes technologies », qui s'appuie sur des puces, cartes mémoire, connexions 3G, vaut pour des équipements innovants : ordinateurs, stockage d'énergie, équipements des personnes handicapées, etc. Elle nécessite des ressources rares, ce qui conduit à les mettre en œuvre à bon escient.

Or tout se passe comme si du simple fait que nous possédions la capacité à créer des produits technologiques complexes, nous le faisions. Quelle absurdité ! Nous ne sommes pas des robots benêts. Ce n'est pas parce qu'il est possible de sauter d'une falaise qu'il faut le faire. La possibilité d'action n'est pas l'action ! L'utilité pour l'Homme et l'impact pour la planète sont nos remparts, nos questionnements nécessaires, pour produire utile et préserver l'équilibre environnemental

Le concept de société durable requiert que l'on sélectionne intelligemment les produits qui bénéficient de high-tech.

En effet, l'énergie est un défi prioritaire pour lequel nous devons réduire nos consommations. Partout où le confort utilisateur progresse significativement grâce aux hautes technologies, n'hésitons pas. Développons cette expertise, fabriquons des gammes de produits ultra-pointues sur notre territoire. En revanche, restons sur des produits robustes, simples et durables, sans haute technologie pour les autres équipements. Nous préserverons ainsi les ressources pour les générations futures.

Une fois cette entrée en matière posée, on distingue 4 axes majeurs à encourager dans à la haute technologie :
1. L'énergie
2. La santé
3. L'industrie
4. L'information

L'AER possède les atouts pour devenir leader de l'innovation technologique : des cerveaux bien formés, une culture créative, de la diversité culturelle grâce aux pays membres et des intérêts communs orientés vers un modèle durable.

Les projets « high-tech » de l'AER permettront de mutualiser les investissements et de rassembler les experts. C'est un ressort économique puissant pour l'emploi.

Go sur les projets ambitieux qui bâtissent le monde de demain, à commencer par le secteur de l'énergie.

1. Les hautes techno dans l'énergie

Les hautes technologies visant à économiser l'énergie touchent à la priorité n°1 de l'AER. Ces technos sont utiles car en luttant contre la déperdition d'énergie, par exemple avec de l'isolation thermique à base de matériaux innovants, elles permettent de réduire le volume de puissance nécessaire pour couvrir les besoins de l'AER. Au même titre, les hautes technologies qui démultiplient la puissance des énergies propres, comme la biomasse par exemple, assurent le mix énergétique et réduit la dépendance.

Les équipements grand public pour l'autonomie énergétique individuelle et l'autonomie de quartier doivent aussi progresser. Leur efficacité est stratégique, notamment pour les résidences, que ce soit en rural ou dans les villes. Avec une part d'autonomie énergétique, les foyers deviennent acteurs et systématiquement vigilants à leurs propres consommations. En boomerang, le besoin au niveau national baisse. Les équipements globaux diminuent, l'environnement est préservé.

Les emplois qui seront créés dans le secteur de l'énergie concernent notamment la R&D (nouveaux matériaux, nouveaux équipements), le bâtiment (rénovation, construction), l'urbanisation (sources d'énergie collective, revêtements absorbant la pollution, partage de l'eau), les transports en commun (non polluants, autonomes), les voitures (propres, légères), la mise en réseau des différentes sources d'énergie, le stockage d'énergie.

Aux États-Unis en 2016, les emplois dans le secteur du solaire ont augmenté de 25%, atteignant 260.000 salariés[28].

Les emplois locaux et durables se cachent là. Ils sont utiles pour la stabilité de l'AER.

2. Les hautes techno dans la santé

La santé est un secteur particulier où les hautes technologies prennent tout leur sens pour sauver des vies, guérir de pathologies lourdes, lutter contre les infections et les virus. L'AER vise le bien-être collectif et le respect de la nature, cela passe par une attention forte sur le système médical et la recherche scientifique pour que la population soit en bonne santé.

Peut-on pour autant tout investiguer avec les nouvelles technos ? Les « progrès » ont déjà tellement repoussé les limites de la nature - avec l'invention du plastique, avec les OGM, avec le clonage - que plus rien ne coule de source.

Écartons d'entrée les pratiques d'eugénisme : sélectionner des embryons *blonds aux yeux verts* pour créer les enfants de demain est interdit. Mais quelles sont les limites à ne pas dépasser demain ? A quel moment devient-on un apprenti sorcier ? Doit-on maintenir en vie indéfiniment un malade incurable en état végétatif ? Est-ce un progrès humain ou un progrès

---

[28] Source Solar Foundation, foxbusiness.com

technique ? A quel moment la vieillesse ou la maladie deviennent-elles un business pour les laboratoires ?
Un conseil éthique sera créé au niveau de l'AER. Il aura la légitimité d'effectuer des contrôles réguliers. Il sera également en charge de communiquer auprès des chercheurs et du grand public sur ce qui est autorisé, et pourquoi ; sur ce qui n'est pas autorisé, et pourquoi. La pédagogie fait partie de la société humaniste du futur. Ni le milieu scientifique ni les citoyens ne peuvent se satisfaire d'obligations brutales sur des questions intimes comme la vie et la mort.
En donnant du sens, on apporte de la pérennité et de l'adhésion aux décisions.

En outre, la plus haute vigilance est requise pour les modifications du métabolisme des vivants, hommes, plantes et animaux par le biais du principe de précaution. Cela est décrit dans le chapitre alimentation, une expérimentation longue de 10 ans sera imposée.
La nature connait ses propres lois, elle nourrit les hommes depuis la nuit des temps. Nous sommes garants au niveau de l'AER d'un retour à l'équilibre environnemental pour éviter un basculement dramatique pour l'humanité, où la sécheresse viendrait détruire les récoltes, la pollution rendrait impropre les aliments, où on détruirait notre patrimoine.

Il en est d'une toute autre chose pour l'innovation dans la santé dédiée aux remèdes contre les cancers, au traitement des maladies orphelines, à l'équipement des personnes handicapées, aux avancées permettant de vieillir en meilleure forme, etc. Ce sont des progrès utiles pour tous, enfants comme seniors. Ils sont positifs pour l'Homme. Les projets européens dans ce domaine ont

vocation à produire du vivre mieux, plus longtemps, en bonne santé.
Poussons l'innovation ensemble, nous serons plus intelligents à plusieurs. Comme dans l'énergie, ces innovations médicales créent des emplois sur le territoire de l'AER et ouvrent des perspectives d'export.

3 L'appareil productif industriel

L'équilibre environnemental implique de réduire les émissions de CO2, donc le transport, ce qui oblige à produire des biens plus près, sur notre sol de l'AER. C'est positif, car ce sont encore une fois des emplois utiles, créés sur notre territoire.

L'élan à donner est cependant de taille pour développer un appareil productif avec des machines industrielles puissantes, des moteurs, des tapis roulants, des ascenseurs, des systèmes de pilotage industriels, centre de tri sélectif des déchets, machines de transformation des déchets en matière première réutilisable, etc.
Cette industrie s'en est allée progressivement. L'état français ayant regardé avec fatalisme les industries délocaliser leur production sans réagir, comme une fuite d'eau qui viderait l'Europe et que l'on regarderait se tarir.

En France aujourd'hui, l'industrie pèse seulement 12% du PIB alors qu'elle pèse le double en Allemagne. Il est temps d'enclencher ces projets avec l'AER. L'objectif est de doubler le niveau industriel français d'ici 10 ans, soit 24% en 2025. Le taux recommandé pour tous les pays de l'AER est d'au moins 20%. C'est un effort significatif pour l'Espagne, l'Autriche et le Luxembourg alors que les Pays-Bas, la Belgique et l'Italie montrent déjà l'exemple[29].

L'industrie responsable, celle du futur, est synonyme de savoir-faire pointu, de prospérité. Ce n'est plus l'époque « des temps modernes » de Charlie Chaplin, avec un travail à la chaîne abrutissant, ou comme le décrit Jack London dans Martin Eden, un poste harassant qui annihile tout la pensée « Tout son être était accaparé par son travail *(dans une blanchisserie)*. Transformé en automate humain, il concentrait toute son intelligence sur ses mains et il n'y avait plus de place dans son cerveau pour les grands problèmes de l'univers ».
On parle ici de poste sécurisés, modernes, avec des rotations, des pauses, de la valorisation. Ce n'est plus la quête à la productivité qui domine, mais la qualité des produits et la qualité de vie au travail pour les employés. L'humain retrouve sa place, avec respect, avec la compréhension que chacun est un rouage utile et respectable pour le bien-vivre collectif. Notre écosystème dans l'AER est interdépendant. Chacun doit fournir sa part à l'effort, et être reconnu comme tel.

Cette industrialisation concerne bien sûr le secteur du textile, tout comme les machines agricoles. Complétons la gamme des équipements européens, fabriquons ce qui ne se fabrique pas encore (ou plus) en Europe, innovons collectivement avec l'AER, répartissons les savoir-faire pour harmoniser le niveau d'industrialisation général.

---

[29] source Global competitiveness report du Worl Economic Forum

Pour reconstruire, nous disposons d'ingénieurs, d'infrastructures, d'un territoire de 300.000 habitants. Il y a moyen d'être avant-gardiste en structurant les projets stratégiques communs.

4 Les hautes techno dans le secteur de l'information

1. Équipements du quotidien

Qu'il s'agisse de téléphones portables, ordinateurs, tablettes, écrans, la stratégie de l'AER est de réfléchir aux impacts sociaux, environnementaux et sociétaux de ces produits. La consommation responsable les concerne en premier lieu puisqu'ils sont aujourd'hui remplacés à un rythme fou. L'AER a un rôle dans la sensibilisation aux conséquences, notamment pour la protection des ressources naturelles si ces équipements sont renouvelés tous les 2 ans, comme elle a un rôle sur la sensibilisation de l'impact sur la santé et le lien social.

Les écrans d'ordinateurs fatiguent-ils les yeux dans la durée ? Quels sont les risques ? Les tablettes, jeux en ligne, etc. sont gourmands en énergie, peut-on réduire leur consommation ? Comment favoriser l'économie d'énergie dès la conception des applications ? Pourquoi ne pas créer un label « basse consommation informatique », comme sur les réfrigérateurs (A, B, C, etc.), qui serait apposé sur les logiciels.
On entend parfois dire que les téléphones portables sont nocifs en raison des fréquences émises près du cerveau ; cela engendre-t-il des cancers dans la durée ? Faut-il des écouteurs avec fil pour baisser le risque ?

La plupart des lieux publics offrent désormais le wifi en accès libre. C'est pratique, mais quel espace offre-t-on au « non-wifi » pour les personnes sensibles ? Pourquoi la population entière devrait-elle subir ces ondes sans échappatoire ?

Pensons aussi à effacer nos mails, photos, etc. du stockage cloud. Tout cela pousse à un stockage illimité, sans interrogation, donc plus de serveurs, donc plus d'énergie. Cela a forcément un impact environnemental. Est-ce utile ? comment l'éviter ?

Au-delà des impacts sur la santé, il manque une réflexion sociale sur ces évolutions qui ont déferlé dans notre vie comme un ouragan.
Quel est l'impact sur la vie de famille ? Le dialogue parental ? L'isolement de certains adolescents ? Comment accueillir ces innovations tout en préservant un dialogue ? Des concepteurs des GAFA installées dans la Silicon Valley ont déclaré qu'ils interdisaient l'accès à ces outils connectés à leurs propres enfants, conscients du risque addictif ! Un comble…

Que préconise l'AER sur l'usage ? Il y a des orientations à apporter, sans dogmatisme, pour apprendre à chacun à se responsabiliser. A l'AER d'informer et de conseiller, et si besoin d'encadrer.

2. Espionnage informatique et libertés individuelles

Concernant les données personnelles, les fameux « big data » (nom, adresse, nombre de personnes au foyer, centres d'intérêt, sites consultés, décryptage d'emails personnels, etc.), de nombreux scandales vont encore éclater.

Après la NSA et ses écoutes illégales de dirigeants et d'individus à travers le monde, ce sera le stockage massif de données individuelles pour leur commercialisation. Pire, ce sera l'usage pour réduire la vision des internautes à leurs seuls intérêts, supprimant ce qui déplait, orientant les informations vers les goûts de l'individu et créant un filtre avec la réalité.

Nous n'avons encore rien vu de la puissance de la data… Et le RGPD qui saute à nos yeux et nous demande d'accepter des cookies à chaque nouvelle appli ne nous protège pas. C'est devenu un poids, qui s'affiche sans arrêt et à qui on finit par dire oui pour aller vite. Comment supprimer tous les cookies en toute autonomie ?

Les réseaux sociaux explosent aussi. Ces modes d'interaction réservent de très belles surprises à l'avenir, notamment en redonnant le pouvoir au peuple.

Les hommes ont inventé un outil de partage gratuit et collaboratif : troc d'objets, échanges d'appartements de particulier à particulier, échanges de services, etc. Sans intermédiaires ni investissements. La relation directe d'homme à homme. C'est formidable, c'est utile.

Les idées aussi, dans les pays muselés, se diffusent plus facilement et libèrent les citoyens de leur solitude et leur asservissement à un pouvoir totalitaire.

Mais les navigations internet sont de plus en plus épiées, analysées, sauvegardées à des fins marketing ou politiques.

Créons une plateforme au niveau de l'AER qui récapitule les données enregistrées par les sites et moteurs de recherche pour chaque individu, afin qu'il puisse consulter et effacer ce qu'il souhaite. Il en est maître. C'est sa vie privée.

Le droit à l'oubli numérique a progressé, mais il reste à vulgariser pour le rendre vraiment accessible à tous. L'AER sera garant si chacun reste libre de garder sa vie et ses centres d'intérêt privés, simplement, sans détournement ni exploitation commerciale non consentis.

La loi Hadopi sur le piratage a été assouplie, les moyens de contrôle eux sont totalement insuffisants, les contraintes de preuves très laborieuses. Quelle est la vision d'avenir concrète de l'AER sur ce sujet ?

Enfin, pourquoi ne pas mettre fin une fois pour toute à l'anonymat sur internet. Un seul compte par individu, avec contrôle d'identité à la création. Sans cela, les individus créent plusieurs comptes, lâchent des torrents de haine sur certains sujets ou certaines personnes, cachés derrière des pseudos. Cela détruit le vivre ensemble, augmente l'anxiété, éteint la parole des progressistes qui sont menacés. C'est comme les collabo qui balançaient les juifs à la police pendant la guerre, dans l'ombre. Les échanges doivent se faire dans la lumière, pour remettre du droit et de la responsabilité, pour éviter les « fake news », les manipulations de foule. La démocratie de l'AER vaut bien ça.

Luttons activement contre l'espionnage informatique, les cyber-attaques pour dérober les secrets ou les données des clients, des concurrents, des états. Définissons des règles claires et mettons en place une puissante cellule de veille informatique au niveau de l'AER.

5 La place des low-tech

Et si l'AER se positionnait comme n°1 des gammes de produits incassables, comme des fenêtres isolantes en aluminium, lave-vaisselles, fours, voitures, vélos, robots ménagers.
Ils peuvent durer 20 à 30 ans, ce qui permet de préserver les ressources de la planète et notre confort de vie. Les ressources naturelles se reconstituent, la société de consommation ralentit tout en maintenant un confort matériel.
L'humain gagne en paix de l'esprit, ses équipements fonctionnent longtemps, sans préoccupation.

Développons aussi les filières d'entretien et de maintenance pour remettre en route un équipement défectueux plutôt que de le jeter.
L'acte de jeter un objet qui peut encore servir devrait nous brûler les doigts, mieux vaut donner, réparer, recycler. C'est un déchirement.

Enfin, développons le tri et le recyclage des déchets, pour préserver les ressources de la nature et construire une économie circulaire performante. On doit diminuer au maximum l'enfouissement et l'incinération, pour revenir à des pratiques durables de réutilisation de la matière autant que faire se peut.
Rien ne se perd, tout se transforme. Les hautes-techno décrites précédemment peuvent permettre de trouver de

nouveaux débouchés à des déchets qui étaient autrefois un rebus non utilisable.

CHAPITRE 5. Transports

1. Marchandises

En ligne directe avec la fabrication d'équipements sur le sol européen, la question du transport se pose. Sans une stratégie réfléchie sur le transport des marchandises au travers de l'AER, les camions qui sillonnent de long en large le territoire continueront à générer de la pollution atmosphérique nocive pour la santé, du bruit, des gaz à effet de serre, des risques pour la sécurité routière. Même si le transport passe à l'électricité ou à l'hydrogène, le transport de marchandises nécessite une structure spécifique.
Ce projet de logistique transverse crée un schéma de transport au niveau européen.

La part du fret par rail a régressé les dix dernières années en France, passant de 17% en 2000 à 8,8% en 2010 selon le Commissariat général au développement durable (CGDD). C'est un désastre.
Cela n'est pas logique pour un avenir durable. Il est temps de stopper l'hémorragie et d'organiser un maillage cohérent.

En France, le Grenelle 1 avait fixé l'objectif d'augmenter le transport non routier et non aérien de 14% à 25% en 2022. C'est insuffisant. Relevons cette ambition à 35% en 2022 et 45% en 2025 au niveau des pays de l'AER. Déclinons cette ambition sur quelques projets précis pour le routier (il en restera toujours), le rail et le fluvial.

1. Fret par rail

On ne peut plus décemment fermer des gares et des lignes de fret locales aujourd'hui alors que l'objectif est de développer le transport collectif plutôt qu'en camion individuel. Cela est contre-productif.

Il existe deux solutions rail pour les lignes de marchandises :

- Le ferroutage, avec des trains qui embarquent les camions sur leur dos comme des tortues,
- Le transport multimodal rail-route par containers mobiles embarqués sur les trains, puis posés sur des camions pour le reste du trajet.

Étudions le trafic de marchandises, les volumes et facilitons les circuits fluides, des transferts efficaces, du matériel adéquat. Pour se structurer, le secteur du fret par rail a besoin de liaisons efficaces entre les grands axes, les lieux de productions, les grands marchés. Bien gérées, ces lignes régulières et performantes seront rentables. C'est un plan global du développement du rail européen.

Et une fois pour toutes : finies les commandes de 15 TGV par l'État français à Alstom pour rouler sur des lignes Intercités (Bordeaux-Marseille) où la vitesse est limitée à 200 km/h. C'est absurde, onéreux, sans vision. C'est populiste et destructeur car on prend du retard sur des avancées de fond comme le développement du fret par rail.

<u>2 Fret fluvial</u>

Avec 8.500 km de voies navigables, la France possède le plus long réseau navigable d'Europe selon le ministère de l'environnement, long de 6700 km. Il s'agit de canaux, rivières, fleuves qui parcourent notre territoire. Gérées sur le territoire national par VNF (voies navigables de France) depuis 2013, et parfois par la compagnie nationale du Rhône, l'état ou les collectivités, ces voies sont une partie des solutions de transport du futur.
Au niveau de l'UE, c'est toute une naïade d'intervenants qui est concernée. Une gouvernance européenne sous forme de groupement d'intérêt permettrait de définir une vision au niveau de l'AER pour accroitre la simplicité et la continuité avec le rail ou la route.

Les champions du fret fluvial en Europe sont aujourd'hui et sans conteste les Pays-Bas, l'Allemagne et la Belgique. Ils ont des atouts géographiques certains et se sont déjà engagés sur l'aspect écologique du transport fluvial. Leurs bonnes pratiques sont à étendre en Europe, partout où cela est réalisable. Ce sera aux experts du GIE « Fluvial Europe » de définir une feuille de route sur 5 ans.

Lorsque les modes de transport alternatifs au routier auront été ébauchés, et avant le lancement des grands travaux, on impliquera le secteur privé pour les informer, écouter leurs avis et ajuster le modèle en fonction de leurs contraintes.

Le succès de ces solutions de transport - qui sont moins génératrices d'émissions de gaz à effet de serre que le routier - viendra de leur adoption massive par le secteur privé.

Pour cela, leurs besoins doivent être intégrés avant le déploiement.

3. Fret routier et taxe carbone

L'objectif est de réduire de 20% le trafic des poids lourds d'ici 2025. Les propositions pour y parvenir se multiplient, comme instaurer une écotaxe sur les poids lourds pour privilégier un air plus sain.
La loi française qui avait été votée en 2009 dans le cadre du Grenelle I prévoyait une écotaxe[30] pour juillet 2013. Elle a été suspendue par S. Royal en 2014.
La cour des comptes a dénoncé en février 2017 « un échec de politique publique dont les conséquences sont probablement très durables. Pas de financement des infrastructures de transport et l'abandon coûte près d'1 milliard d'euros d'indemnisations. »
Une honte.

Cette écotaxe est à réinventer pour un fonctionnement pollueur-payeur pragmatique, lisible, et une mise en place rapide. Cette taxe servira exclusivement à financier le fret par rail et le fret fluvial avec une transparence totale.
Cet argent est utile pour construire une AER durable.

La Suisse a été un pays précurseur sur la taxe carbone en l'adoptant par référendum dès 1998 pour une mise en place en 2001. Cela fait 16 ans. Elle est basée sur le nombre de kilomètres parcourus, le poids du véhicule et les émissions polluantes dégagées. Cela a conduit à une hausse du taux de chargement de 60% par les professionnels, un vrai progrès, et a favorisé le

---

[30] Prélèvement fiscal en raison de dommages environnementaux. Les recettes doivent normalement servir à réparer ou améliorer l'impact environnemental.

renouvellement des véhicules pour baisser les émissions, un deuxième vrai progrès.

Plutôt que de devoir payer une taxe chaque année à contrecœur, les entreprises ont préféré investir pour améliorer leur processus de transport routier interne. L'argent a été mieux utilisé du point de vue du développement durable. Tout en restant dans l'entreprise plutôt que dans les fonds gérés par l'état, l'investissement a bénéficié à tous, citoyens comme salariés.

La réforme a porté ses fruits : elle a conduit au changement pour moins de pollution.

Il n'est pas nécessaire de réinventer le fil à couper le beurre, reprenons ce qui marche.

2. Personnes

<u>1. Développer les transports en commun des villes</u>

En allant au salon Pollutec de Lyon en 2016, j'ai constaté la formidable révolution qui avait eu lieu pour relier les endroits clé et faciliter les changements de mode de transport. Voici une démonstration concrète en trois actes :

1. J'ai pris un premier bus depuis la gare routière d'Aix-en-Provence, en centre-ville, pour atteindre la gare TGV, excentrée. J'ai payé 2,50€ et attendu à peine 5 minutes.
2. J'ai pris un TGV Aix-Lyon, 1h30, confortable.
3. Arrivée à la gare Part-Dieu, j'ai attrapé le tramway devant la gare, direction Vaulx-en-Velin. Un écran digital sur l'abribus indiquait qu'il arriverait dans 3 minutes. Assise dans le tramway, j'ai vu défiler les informations en temps réel sur l'avancement du trajet. Pas de stress.
4. Descendues à Vaulx-en-Velin, le bus de la ligne 100 attendait pour récupérer les passagers jusqu'à Eurexpo, la salle qui accueillait le salon auquel j'allais. Le coût du billet bus + tramway à Lyon était de 2,5€ AR. Imbattable ! Au total, un temps de transport record, sans stress ni attente, sans bouchons ni quête de place de parking. La voiture individuelle était devenue superflue.

Chaque ville peut bénéficier d'un système de transport collectif aussi efficace que celui de Lyon.
Il est plus propre énergétiquement (tramway, bus électrique avec des voies de circulation dédiées, métro) et grâce à une fréquence élevée et une régularité

garantie, il y a peu d'attente. Le transport en commun s'impose alors naturellement à tous. Bien conçu, il fédère.
Faut-il dans certaines villes en retard moins de lignes mais à plus haute fréquence ? Ajouter des parkings extérieurs gratuits ? Étendre les zones piétonnes ? Tout s'étudie pour sortir les voitures des villes tout en conservant l'attractivité et l'effervescence des centres urbains grâce à des transports en communs performants.

Les tarifs des transports en commun aussi peuvent être attractifs. Plus les gens utiliseront ces transports, moins ils coûteront. Pour autant, la gratuité n'est pas recommandée, cela dévalorise le bien auprès des usagers. C'est un bien commun, à respecter, à entretenir.

2. <u>Optimiser les solutions de transport pour les zones périphériques</u>

Les territoires périurbains ou ruraux sont aujourd'hui très motorisés. On l'a vu en France lors de la crise des gilets jaunes, il n'est pas aisé d'éviter l'utilisation du véhicule, surtout si les solutions de transport en commun ou de transport doux n'ont pas été préparées pour favoriser la mobilité durable.

On estime que la voiture est utilisée dans 90% des déplacements quotidiens[31] dans ces zones géographiques. Toutes ces voitures utilisent du pétrole,

---

[31] Enquête nationale Transport et Déplacements 2008

énergie importée à 99%, qui nous rend dépendante et qui produit des émissions de gaz à effet de serre. Outre ces aspects essentiels pour l'équilibre environnemental, ces trajets individuels engendrent aussi un coût significatif pour la vie du foyer. Or la mobilité est inhérente à la vie, elle doit être accessible à tous et la plus vertueuse possible, notamment pour valoriser toutes les régions de France.

N'oublions pas non plus qu'une voiture individuelle est immobile 95% du temps[32] (elle « dort » la nuit dans un parking et durant le travail aussi). Une meilleure solution est envisageable.

Il y a cependant deux difficultés majeures pour réduire le transport individuel dans les territoires ruraux et périurbains :

1. La faible densité qui ne permet pas des lignes très fréquentes en raison des coûts qui seraient trop élevés pour très peu de passagers,
2. Le besoin vital pour les habitants de leur garantir leur autonomie de déplacement.

C'est une problématique complexe, qui demande des solutions adaptées finement et localement à chaque situation.

Les solutions peuvent s'articuler autour de la réhabilitation de lignes ferroviaires de proximité, de cars interurbains de taille adaptée, de voies cyclables pour rejoindre le départ du transport en commun, d'espaces

---

[32] Selon l'EMD standard CERTU

de covoiturage, de parcours piétons sécurisés et agréables. Il y aura nécessairement du multimodal[33].

Cela impacte aussi le nombre de véhicules électriques et vélos accessibles en libre-service et les places de parking au point d'accès d'un transport en commun. C'est une vision globale qui s'impose.

La première étape consistera à identifier les flux récurrents, par exemple vers une commune plus grande, pour imaginer la meilleure solution de transport collectif. Il est également nécessaire de connaitre la durée moyenne passée sur place, pour prévoir le retour dans des conditions satisfaisantes pour les usagers.

Un système dynamique de complément de transport à la demande peut être envisagé sur la base du signalement GPS en temps réel, pour proposer une solution de transport groupé à partir d'un certain nombre de demandes, ou pour gérer les situations d'urgence ou quelqu'un doit absolument rentrer chez lui. Les nouvelles technologies peuvent aider dans ce sens. On peut aussi envisager des navettes qui font des trajets personnalisés en fonction des besoins signalés 30 minutes avant et qui collecte les gens sur son passage pour amener les personnes au point de départ du transport en commun. Bref, de nombreuses solutions sont envisageables.

Tout est question d'organisation, de sensibilisation, d'accompagnement au changement pour réduire les transports individuels et soutenir la mobilité durable dans des territoires non urbains.

---

[33] Le multimodal consiste à assurer un transport en empruntant successivement plusieurs modes de transport (piéton, vélo, voiture, car, train, avion).

3. <u>Les grandes lignes TGV pour les liaisons internes à l'AER</u>

Les transports de personnes, c'est aussi la circulation sur le territoire de l'AER. Aller facilement et rapidement d'Espagne en France, d'Espagne aux Pays-Bas, d'Italie en Belgique. Un grand plan d'interconnexion sur la base du TGV pourra être construite, pour réduire les distances entre voisins de l'AER, simplifier les échanges, et éviter les véhicules individuels au maximum.
Comme le Paris-Bruxelles, le Paris-Amsterdam ou le Lyon-Barcelone, on peut envisager le Marseille-Francfort ou le Madrid-Toulouse. L'idée est de proposer des lignes directes entre très grandes métropoles, en TGV, pour démocratiser les relations et développer les coopérations transnationales.

4. <u>Plan vélo à grande échelle</u>

Le vélo est non polluant, sain pour la santé, efficace, léger, accessible à tous financièrement. Avec l'essor des vélos électriques, les reliefs ne sont plus un obstacle, ni l'âge. Grâce à lui, chacun peut acheter son pain sans émettre de CO2, accompagner ses enfants - eux-mêmes à vélo - à leur activité du samedi sans dépenser d'argent, sans consommer de carburant, sans polluer l'atmosphère.
La vie devient plus agréable et un peu plus lente.

Il occupe une place particulière dans le transport des personnes et nécessite d'aménager des pistes cyclables PARTOUT.
Toute route de l'AER aura une piste cyclable sur le côté, exceptées les autoroutes. Il n'y a pas de dérogations.

Cela se construire petit à petit, à l'occasion de travaux d'aménagement routiers, de rénovation ou de création de nouvelles jonctions. Associer la création d'une piste cyclable à tout chantier de voirie sera obligatoire. Progressivement, on pourra se rendre partout en vélo, tout le temps, sans risque d'être renversé sur le parcours.

On peut aussi développer des vélo-routes qui empruntent parfois des anciens chemins de fer, parfois des sentiers, pour éviter partiellement les axes routiers classiques.
C'est une manière sportive et écologique de se réapproprier le territoire.

CHAPITRE 6 : Biodiversité, urbanisme & écotourisme

1. Urbanisme des villes durables

Transformer visiblement le territoire, c'est matérialiser le changement de mode de société, c'est l'incarner.

A force d'habitude, la ville est devenue banale, un élément du quotidien qui n'est plus remis en question. C'est une erreur de sous-estimer l'impact de l'urbanisme sur nos comportements.

Dans les villes « fourmilières » avec des métros, des autoroutes tentaculaires et des buildings très élevés, les individus agissent précisément comme des fourmis. Vêtus de manière uniforme, ils marchent en file indienne, le pas pressé, descendent dans les boyaux souterrains du métro, s'entassent, restent agglutinés en troupeaux dans les wagons puis le même flux dense ressort et poursuit sa route jusqu'à son lieu de travail. Le soir, la cohorte se reforme en sens inverse.

A contrario dans une ville plus verte, aérée, lumineuse, les comportements sont plus hétéroclites, curieux de ce qui les entoure, plus apaisés. Les individus prennent le temps de prendre le temps, de discuter. Ils courent moins, adaptent leurs horaires à des rythmes plus personnels, s'assoient sur un banc, s'autorisent une pause, observent autrui. L'humain retrouve sa place. Les comportements sont diversifiés, moins automatiques. La vie s'épanouit.

A force d'artificialisation des sols, de promotion immobilière, la nature a reculé.

L'objectif pour l'AER est d'inscrire les villes dans le modèle d'équilibre environnemental avec plusieurs mesures :

1. <u>Planter 5 fois plus d'arbres qu'aujourd'hui</u>

A l'intérieur des villes, en bordure de chaque rue, boulevard, avenue, on plantera des arbres. Pas de petits arbustes minuscules, des arbres hauts qui ont 5 ans d'âge, possèdent une robustesse et une tenue majestueuse.

Cela adoucira l'aspect impersonnel des villes et absorbera le CO2 pour mieux respirer. Par ailleurs la verdure, les feuilles qui virevoltent au gré du vent, les odeurs de floraison au printemps, la perception des saisons, les gazoulllis des oiseaux apporteront du vivant. L'humain en nous renaît. Le robot s'efface.

2. <u>Installer des bancs</u>

Comme à Nice où les célèbres chaises bleues s'égrènent le long de la promenade des anglais ; comme au jardin des Tuileries avec ses chaises vertes réparties autour des bassins, comme à Aix-en-Provence avec ses bancs de pierre le long du cours Mirabeau : multiplions les bancs pour introduire la pause au cœur des villes.

La ville est une entité à part entière qui s'apprécie. On peut s'y assoir à l'envie, flâner, discuter. C'est un espace dynamique, un lieu de rencontre. Pour comprendre et s'inspirer du monde autour de soi, rien de tel que de se poser et de l'observer.

Ce sera possible gratuitement pour tous les citoyens de l'AER avec la généralisation des bancs publics. Comme le chante Brassens dans « les amoureux qui se bécotent sur les bancs publics, bancs publics… », la sympathie réintègrera les villes.

Les magasins, la consommation, les bureaux, les voitures, cette frénésie ne peut pas occuper 100% de l'espace urbain… au risque d'occuper 100% des esprits.

3. <u>Ajouter des sculptures</u>

Les pays de l'AER sont anciens, ils sont riches et fiers de leur Histoire, déjà ornés de nombreuses sculptures décoratives. Érigées dans les squares, sur les places ou aux carrefours routiers, les statues d'un Victor Hugo en bronze en France nous défient et nous élèvent. Cette aspiration culturelle peut être accentuée.

Il existe moult personnages illustres, et plus encore en se plaçant à l'échelle de l'AER. Les faire exister dans notre histoire européenne est réalisable par de nouvelles créations. C'est un moyen de resserrer le lien entre les peuples et de soutenir l'identité culturelle propre à chaque pays. A Innsbruck une statue de l'écrivain Stephan Zweig, à Rotterdam une du philosophe Spinoza, etc. Ces sculptures dans la ville représentent une inspiration, un appel à la mémoire, à la rêverie …ou à l'ambition. Elles sont sources de profondeur.

On peut aussi mélanger les personnages célèbres dans les autres pays de l'AER pour créer de l'attachement au-delà des frontières, à Madrid une statue du français

Balzac, à Turin une statue de l'allemand Albert Einstein, à Berlin une statue du compositeur italien Puccini, etc.

4. <u>Interdire la construction d'immeubles trop élevés</u>

Mettons un stop aux constructions trop hautes. Finies les cages à poules où les gens s'entassent sur 10, 15, 20 étages. C'est inhumain, massif esthétiquement, cela vieillit le plus souvent mal. La lumière ne s'infiltre plus dans les rues, la végétation est écrasée par ces immeubles aux allures de blockhaus, le sentiment d'isolement s'insinue dans les foyers. Pour les petites villes, l'irruption d'immeubles à plus de 4 étages détruit le charme et peut même affecter l'esprit de la commune, voire nuire à son développement économique. La convivialité s'en va plus loin, ailleurs.

Or la ville de demain porte les traits d'une amie accueillante, proche des proportions que l'on trouve naturellement dans la nature. Il est temps de végétaliser les toitures, préserver des m^2 pour des places aérées, des parcs, une harmonie.

En somme, plus de construction au-delà d'environ 4 à 8 étages, comme le faisait déjà Haussmann (4 étages), sauf dérogation pour des créations architecturales artistiques, ou des bâtiments professionnels dans un quartier déjà à tours hautes comme la Défense, ou le centre-ville d'une grande agglomération dont le patrimoine historique serait déjà construit en hauteur.

5. <u>Un parc urbain dans chaque ville de plus de 200.000 habitants</u>

Créer dans chaque grande agglomération un parc boisé immense, comme Central Parc à New York qui s'étale sur 341 ha, le parc de la Tête d'or à Lyon sur 177ha., Tiergarten à Berlin sur 210 ha.

Ce parc des villes de l'AER sera un poumon, une halte, un havre de paix.
Il permet aux familles de se promener, de pique-niquer, faire un footing ; il apporte un espace de convivialité gratuit pour tous. Il laisse pénétrer le calme dans la ville.
La nature a besoin d'espace pour exister.
On peut même suggérer que ce parc géant soit une zone blanche, sans ondes électromagnétiques ni internet.

Pour ce qui est de la France, l'idée est d'en avoir un à Marseille (par exemple à partir du parc Borely qui s'étend sur 17 hectares), Toulouse, Bordeaux, Nantes, Rennes, Nice, Strasbourg, Montpellier. La dimension est un élément clé, l'objectif est 150 ha.

Cela se fera progressivement, avec la créativité des collectivités pour imaginer où et comment étendre. Cela impliquera le rachat de terrains, des destructions, c'est un projet sur 5 ans.

2. Des parcs nationaux gargantuesques

La création de parcs nationaux immenses dans chaque pays de l'AER s'inscrit à la fois dans la protection des

espèces animales et végétales et dans le développement d'un tourisme écoresponsable.
A partir de grands parcs régionaux déjà existants, créons des espaces plus vastes. Des accès sont à prévoir pour relier les parcs régionaux entre eux afin qu'hommes et animaux s'y déplacent uniquement via des sentiers naturels, en évitant les agglomérations. En prenant appui sur le savoir-faire des gardes forestiers, ce parc national pourra être aménagé avec brio. C'est important pour favoriser la migration des oiseaux sans perte par exemple.

Quiconque le souhaitant pourra s'immerger dans ce parc une semaine entière, loin du tumulte des automobiles, muni d'une tente pour dormir dans des espaces de bivouac prévus. Le transport à l'intérieur du parc sera encadré, en minibus électriques, calèches, chevaux, vélos sur des tracés balisés.
Le parc sera fermé par des clôtures pour préserver l'équilibre entre les espèces qui s'autoréguleront. Par exemple avec ce grand territoire, les animaux auront la liberté de vivre en milieu presque sauvage, plus propice à la reproduction et à la biodiversité.

Ces parcs seront payant pour permettre leur entretien. On peut s'inspirer des parcs américains comme Yosemite : entrée gardée par des forestiers, relais d'informations sur place, magasins construit en bois pour fournir de quoi sous nourrir sur place, promontoires d'observation, gestion responsable des déchets, poubelles hermétiques pour ne pas tenter les animaux avec des déchets domestiques, toilettes sèches.
Le tout surveillée grâce à des gardes forestiers qui sillonnent le parc pour assurer la défense de la faune, la

flore, des animaux… et des visiteurs. Cela implique aussi le marquage des sentiers, la création de tables d'orientation, l'instauration de panneaux précisant les espèces végétales du parc, la possibilité de visites guidées avec des botanistes pour aller plus loin.

Aux tréfonds du parc, on pourra implanter des logements de type éco-lodge ou couchage dans les arbres.

A la fois poumon écologique, incarnation de l'AER et de l'équilibre environnemental, ces parcs seront comme un emblème.

A la fois lieu d'analyse pour les chercheurs, lieu d'isolement pour les personnes saturées de la société, lieu de promenade pour les amoureux de la nature, lieu de découverte pour les enfants, ces parcs représentent des lieux préservés et authentiques pour reconnecter à la nature.

C'est enfin un nouvel attrait touristique international pour les voyageurs en quête de sens et de nature.

Voici la carte des parcs régionaux en France aujourd'hui[34]

---

[34] Site parcs-naturels-regionaux.fr

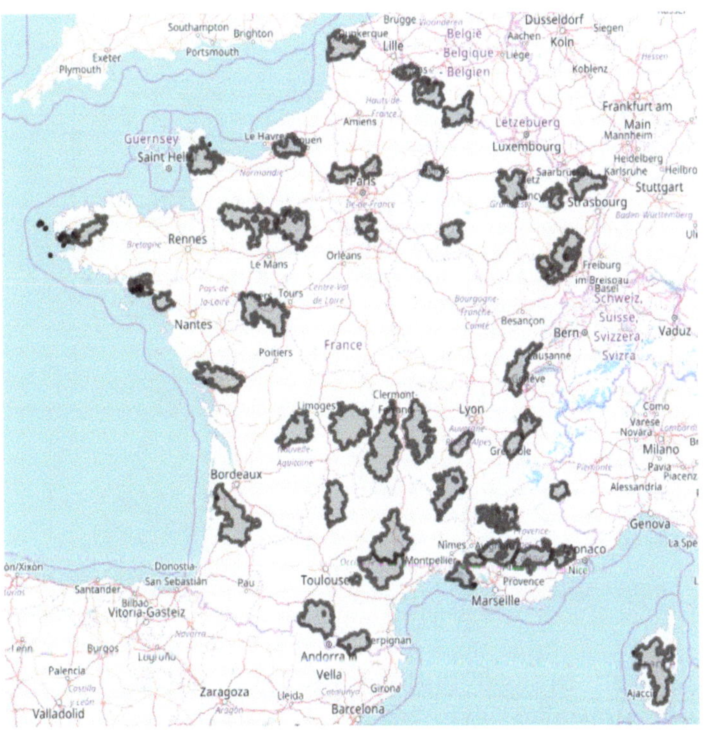

En y juxtaposant la carte des densités de population[35], le lieu adéquat se situe au centre de la France. Le choix d'une région à faible densité d'habitation engendre moins de difficultés pour identifier des voies de terre entre les villes et permet de trouver une biodiversité déjà en bon état.

---

[35] cartesdefrance.fr

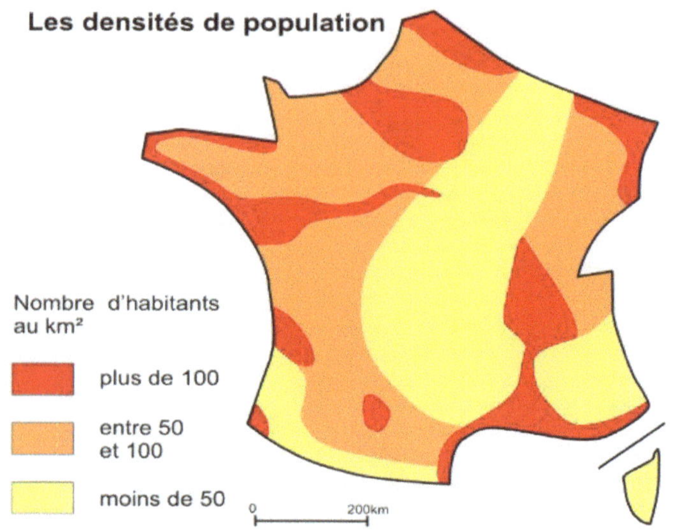

Encerclés en orange ci-dessous, une suggestion de tracé regrouperait :

1. Le parc des volcans d'Auvergne - réparti sur les départements du Puy-de-Dôme et du Cantal -, le parc du Livradois-Forez - réparti sur les départements du Puy-de-Dôme, Haute-Loire et Loire –

2. Le parc des Millevaches. Il pourrait s'étendre au nord sur les départements de la creuse, l'Indre, le Cher, la Nièvre, l'Allier et au sud à la Lozère et l'Aveyron.

Ce parc géant est un projet national phare. Il matérialise une société où la nature retrouve le haut du podium.

3. Éco-tourisme

Ces parcs géants peuvent attirer de nombreux touristes, comme une carte de visite emblématique de l'esprit responsable de l'AER.
Grâce au développement de l'équilibre environnemental, il est possible de créer un secteur d'activité dynamique basé sur la biodiversité et la préservation de la planète : le tourisme vert.

La France, parmi les autres pays membres, possède des atouts particuliers puisqu'elle est déjà reconnue pour sa gastronomie et son vin, sa haute couture et sa culture. Son image fait rêver tous les continents.

Avec les pays de l'AER, le tourisme responsable peut devenir un pilier économique, car il draine avec lui un pan complet de commerce local lié à la restauration, la vente de produits régionaux, d'équipements, etc.
On peut construire des parcours écologiques et gourmets, des allées cyclables et culturelles qui traversent l'AER.
Tout peut se rejoindre dans la beauté de la nature et la qualité de vie.

Le tourisme vert a cependant besoin de se structurer. Une ville comme Venise est aujourd'hui dépassée par le nombre de touristes[36], qui abiment la vie locale et l'environnement. Le prix de l'immobilier explose pour les hôtels et locations touristiques, délogeant les habitants qui n'ont plus les moyens de s'offrir de tels loyers ; les

---

[36] 28 millions par an

grandes marques s'installent dans des allées de luxe qui ne représentent plus la diversité ni l'artisanat local.
Les villes d'exception s'uniformisent progressivement aux standards du tourisme international de masse. Les prix flambent dans l'immobilier et la restauration, les magasins de luxe se multiplient et l'on retrouve les mêmes enseignes partout. L'environnement est souillé. A Venise les navires de croisière débarquent en permanence des flots de voyageurs, les bateaux polluent la lagune, brouillent les eaux et détériorent la faune et la flore, mais pas seulement. Les touristes arrivent de tous côté, par avion, cars, voitures. C'est tout simplement la masse de visiteurs qui est trop importante. Ce tourisme de masse ne respecte pas toujours l'histoire de la ville, ses coutumes locales, son artisanat, sa culture, et préfère acheter un souvenir fabriqué… en Chine ! Entre désastre culturel et environnemental, ce n'est pas tenable.

Structurer le tourisme vert, c'est accepter une gestion maîtrisée des touristes :

1. Limiter le nombre de touristes par an : cela peut être fait par par des réservations en amont – comme un visa. Sans visa, pas d'entrée possible.
2. Établir une politique de logement pour les habitants, parade contre la hausse des prix de l'immobilier : une réponse consiste à préempter des rues au sein d'un « quartier prioritaire de la ville » piloté par la commune, qui impose des loyers modérés. Le complément de loyer pour les propriétaires par rapport au prix du marché est pris en charge par la commune.

3. Avoir une politique active de défense de l'artisanat local : prise en charge partielle du prix du bail par la commune, pour permettre aux commerçants et artisans d'objets locaux d'avoir des vitrines pour exposer leur production.

4. Communiquer autour des règles à respecter par les touristes pour préserver intact le lieu qui est visité. Cela peut être fait en amont du voyage lors de la réservation du visa et dans les hôtels et locations lors de l'arrivée sur place : ne pas graver, peindre, écrire sur les pierres des édifices historiques. Ne pas jeter de déchets au sol ni ans la mer. Avoir des consignes de tri sélectif simple et visuelles pour la compréhension des touristes du monde. Ne pas nourrir les pigeons. Ne pas piétiner les jardins et parcs si l'accès est défendu. Ne pas cueillir les fleurs des plantes de décoration ou arbres.

5. Contrôler les touristes et mettre des amendes aux contrevenants si besoin.

6. Encourager à découvrir les magasins locaux et les restaurants locaux plutôt que les chaînes. Encourager à prendre un café dans un bar local plutôt que chez Starbuck, etc. Favoriser l'échange avec les populations locales à travers des publicités, des brochures valorisant la richesse de la culture locale.

7. Mettre en place des chemins de découverte attractifs pour les touristes, à pied ou en vélo, pour éviter l'afflux de voitures et favoriser les mobilités douces ou le transport en commun. Cela évite aussi la pollution de l'air.

Cette évolution vers un tourisme écoresponsable peut conduire à de belles rencontres, dans le respect de l'héritage culturel et environnemental de chaque pays.

CHAPITRE 7. Conquête de l'espace pour ré-enchanter nos rêves

L'espace est la prochaine grande étape d'expansion pour l'homme.

La planète bleue montre chaque jour davantage de signes de fatigue. Elle s'épuise car nous l'épuisons. Pourrait-on construire ailleurs, plus loin, plus haut, dans le cosmos ?
Le champ des possibles devient infini.
Favoriser la conquête de l'espace au sein de l'AER revient à adopter un rêve commun, toujours avec une éthique environnementale. C'est à la fois stimulant et fédérateur. Cela projette les 300 millions d'habitants européens vers un avenir à très très long terme, renverse la logique de l'immédiat, fournit les challenges les plus fous.

Par ailleurs une charte internationale de l'espace doit être définie au plus vite, car les galaxies n'appartiennent à personne et ne sont pas règlementées, contrairement aux espaces maritimes. Il n'y a pas de notion de responsabilité, si bien que l'espace est vulnérable aux pollueurs en puissance.
Selon le CNES, d'innombrables équipements sont déjà en panne là-haut, des compartiments de fusées entiers ou des débris flottent en permanence autour de la Terre.
L'être humain est un saccageur né.
Non seulement ces déchets représentent une pollution environnementale additionnelle, mais ils créent des risques de collision pour les futures missions. Il se trouve

que le Luxembourg est un pays précurseur dans ce domaine. C'est une chance pour l'AER, pour aller plus vite ensemble.

La première étape de la conquête spatiale de l'AER consistera à préparer un accord universel. Chaque objet en orbite doit être fonctionnel, ou ramené sur Terre par le pays qui l'a envoyé. L'espace n'est pas une poubelle.

La deuxième étape est la création d'une brigade européenne de contrôle qui patrouille l'espace. Que cela devienne un exercice quotidien, banal, comme aider des enfants à traverser la rue sur un passage clouté. Quand des déchets ne sont pas ramenés dans l'année, une amende servira à financer les équipes de nettoyage. Ils auront toute latitude pour intervenir, ramener ces équipements ou les détruire en orbite.
C'est un exercice technologique régulier qui permettra de perfectionner les technologies, inventer, s'approprier l'espace.

Avec la fusée Ariane, l'AER dispose aussi d'une expertise pointue et d'un savoir-faire historique.
Ces bonds technologiques seront ensuite utilisés pour d'autres objectifs. Les idées ne manqueront pas de nous surprendre....
On pourrait créer une base spatiale de la taille de Paris, auto-génératrice d'énergie, avec des navettes capables de rentrer sur Terre et d'en repartir. Elles utiliseraient un ascenseur spatial relié à la Terre par un câble géant et effectuant des transferts verticaux en orbite depuis Berlin ou Barcelone.
On pourrait découvrir de nouvelles matières sur des astéroïdes, coloniser des planètes, construire des

réserves végétales et animales pour préserver la biodiversité, hiberner pendant un voyage de 50 ans, trouver de l'eau.

On pourrait mettre sur pied des expéditions d'exploration du fin fond de l'univers, remonter le temps, rencontrer Confucius, Nietzsche, Charlemagne ! C'est exaltant.

La Chine elle aussi investit massivement. Elle a prévu d'inaugurer à Guizou le plus puissant radiotélescope du monde. Sa mission est de capter des signaux en provenance de l'espace, notamment ceux émis dans les tous premiers jours après le big bang…

Ce projet spatial est sans limites. Tout peut être envisagé, particulièrement l'inenvisageable ! L'utopie est l'essence même de la vie. Croire que l'on peut créer un autre monde ailleurs permet de se dépasser.

On a, un jour, bâti des cathédrales qui effleurent les nuages, navigué jusqu'à l'extrémité de la Terre… Einstein a découvert la relativité, le commandant Cousteau a inventé le scaphandre autonome. Le rêve dépasse la réalité.

Il est impossible d'articuler aujourd'hui les horizons qui s'ouvriront grâce à cette conquête. Une seule chose est sûre : ils seront pléthore.

Ce projet est beau et un peu dingue. Il ré-enchante nos rêves pour qu'un jour nous rencontrions une nouvelle civilisation dans les confins de l'univers. Comme le dit Hubert Reeves « Comment croire que nous serions les seuls ? ».

Le film *Gravity*, sorti fin 2013, a connu l'engouement du public. On y ressentait physiquement la sensation de

vivre dans l'espace, l'obscurité, l'apesanteur, ce mystère. Qu'importe les scènes irréalistes, l'effet émotionnel est puissant. L'espace représente tout à la fois le danger, le courage et la découverte.
Ce succès illustre bien le désir humain insatiable d'avancer. Ce film a été suivi dès 2014 par *Interstellar,* avec encore une fois le succès public, puis *Seul sur Mars* en 2015 et *Passengers* en 2016.

Cette quête d'ailleurs, cet appétit de découverte, L'AER doit y jeter toutes ses forces, son talent et son éthique pour en faire un secteur d'avenir.
Cela prendra du temps.
Cela sera dangereux.
Cela sera onéreux.
Cela sera magique.

CONCLUSION

En mutualisant nos expertises, en jetant nos forces dans ces axes prioritaires, nous créerons de l'emploi dans un contexte de vie durable, où l'humain et l'environnement ont des places prépondérantes.

Ensemble nous pouvons construire un espace européen sobre et indépendant énergétiquement. Un endroit où il fait bon vivre, avec une meilleure santé basée sur un secteur alimentaire renouvelé, loin de la chimie et de la pollution. Un espace innovant avec l'essor des hautes technologies, avec le retour de l'appareil productif sur les terres européennes. La biodiversité sera soutenue et l'artificialisation des sols ralenti.
Une fiscalité homogène permettra de travailler dans un même élan et de conquérir le cosmos.

Il y aura du travail pour tous, manuels comme intellectuels, techniques comme littéraires, en valorisant les compétences de chaque métier et en reconnaissant l'utilité et l'interdépendance de chacun. Pour 300 millions de citoyens de l'AER, c'est une nouvelle ère pleine d'espoir et de vie. Une nouvelle civilisation.

Grâce à un gouvernement de l'AER engagé, les citoyens puiseront l'énergie du renouveau. Comme le dit Confucius « La vertu n'est pas solitaire ».

A bien des égards cependant, certains domaines demeurent nationaux. Ils n'en sont pas moins importants. Ils influent au plus près des citoyens, dans leur quotidien, ce sont des enjeux de proximité. Ils accompagnent la population au quotidien vers le nouveau modèle de l'AER, donnent du sens, de l'envie.

PARTIE IV : L'AVENIR DU PIRE AU MEILLEUR

CHAPITRE 1 : le pire

L'Homme et la planète, variations autour d'un futur imaginaire

Sans ces mesures qui convergent pour construire la société européenne des 50 années à venir, d'autres perspectives moins souriantes se dessinent.

Prenons de la hauteur vis-à-vis des politiques gouvernementales de la France ou de l'UE actuelles.

La planète bleue est immortelle... C'est ce que nous pensons au fond de nous, voire ce que nous percevons quotidiennement à travers l'histoire de l'humanité. Consciemment ou pas, issue de nos croyances ou pas, l'idée que notre planète est éternelle nous habite. Comment l'envisager autrement puisqu'elle existe depuis 4 milliards d'années !
La première forme de vie y est apparue il y a 1 milliard d'années, soit 3 milliards d'années après sa création. C'est un cycle extrêmement long, totalement abstrait à l'échelle humaine. Pour repère, les premières automobiles n'ont que cent ans. L'industrialisation galopante du XXème siècle est sans commune mesure avec l'histoire lente de notre planète et de son évolution progressive. L'accélération en cours est inouïe. Les mots manquent pour décrire cette fulgurance.

Sur cette belle planète, les dinosaures sont apparus il y a 300 millions d'années, soit 700 millions d'années après la première forme de vie. Là encore c'est un cycle extrêmement long. Ce n'est pas 100 ans après, pas 1.000 ans après, pas 1 million d'années après, c'est 700 MILLIONS d'années après. L'évolution est lente. Elle prend son temps.

Les mammifères existent seulement depuis 50 millions d'années. Quid de l'homme ?

L'ancêtre de l'homme est apparu il y a 4 millions d'années. Comparé à la planète et ses 4 milliards d'années, ou aux dinosaures et leurs 300 millions d'années, l'homme est infiniment petit. Son « empreinte » sur la planète est récente.

C'est encore plus flagrant si on regarde l'homme qui préfigure l'homme actuel (homo sapiens sapiens) qui est apparu il y a seulement 200.000 ans, dont 194.000 écoulés à la préhistoire (avant l'écriture). On peut estimer que l'homme « intellectuel » est né avec l'écriture, c'est-à-dire qu'il a seulement 6.000 ans. Cet homme à qui nous ressemblons vraiment. A l'échelle de la planète, l'homme est microscopique ! 6.000 ans d'existence face à 4 milliards d'années.

Une poussière.

Pourtant, malgré sa jeunesse, l'Homme est surpuissant. Il a développé un tel niveau technologique en une période si concentrée qu'il est capable d'épuiser toutes les ressources naturelles qui se sont constituées en des milliards d'années. Quel succès….

Terrifiant…

L'Homme a la capacité d'éradiquer totalement les espèces animales en spoliant leur espace vital, la capacité d'abimer durablement les sous-sols en y enfouissant des déchets radioactifs, la capacité de faire fondre les glaciers d'antarctique en accélérant l'effet de

serre. Il peut dévaster la Terre, les rivières et les océans avec la pollution industrielle. Les faits le prouvent : l'Homme peut facilement raser une forêt primaire pour la découper en bûchettes, tuer des troupeaux d'animaux pour planter du soja, assécher des cours d'eau pour bâtir des parkings. L'Homme, c'est nous, vous, moi.
Et notre belle Terre, celle qui est si vieille, nous l'abîmons.

La seule question qui reste est *quel sera notre savoir-être* maintenant que nous savons tous les dégâts que nous causons à l'environnement et au vivant ?
Et si l'homme dit *évolué* rendait notre planète *éternelle…* mortelle en seulement 6.000 ans ?

Alors que la présence humaine se répartit sur seulement 0,00015% d'existence de la planète, son impact est colossal. L'homme est en mesure de faire des ravages Irréversibles à l'échelle d'une vie humaine. Jusqu'où conduira l'égoïsme de l'homme si nous ne changeons rien ?

Voici quelques scénarii du pire…

1. Le monde violent, la guerre totale

On peut s'accorder sur un premier postulat qui veut que chaque pays riche et développé conserve sa richesse, sans partage entre continents, crispant les relations avec les pays émergents (guerre économique, tensions diplomatiques).

Dans le refus de perdre ne serait-ce qu'une once des acquis (5 semaines de congés payés, retraite à 60 ans, 1 TV et une auto par foyer), on lutterait contre l'import de produits étrangers, on n'arriverait plus à exporter, l'économie se rétrécirait à l'espace national et conduirait à un ralentissement net. On pointerait petit à petit le doigt vers un coupable de notre régression économique et notre pauvreté nouvelle. La Grèce, la Russie, la Chine… Qu'importe !

Une guerre éclaterait suite à un incident économique (vol de brevet, espionnage industriel, fiscalisation désavantageuse, concurrence illégale) donnant corps au désir enragé de richesse et de confort matériel.

On commencerait à produire des armes, à se battre – d'abord à distance, *proprement*, avec des moyens techniques élaborés (avions, bombes, tanks, missiles, etc.), puis physiquement, au corps à corps. La guerre se nourrit de sang. Petit à petit il coule à flot. Plus de crise existentielle dans les esprits. Tuer, prospérer, éliminer l'ennemi, redynamiser l'économie. La boucherie.

Au final on pourrait spolier les ressources de l'adversaire pour se reconstruire. La belle affaire.

Mais à quel coût humain ? Environnemental ? Au bout de combien de morts ? Combien de cercueils ? Pour combien d'années de paix ? Serions-nous seulement vainqueurs ?

Ou ce serait une autre spirale, la guerre en Europe liée à l'antagonisme historique des français envers les allemands (et vis-versa). La France profère déjà régulièrement des paroles irrespectueuses envers l'Allemagne. Mélenchon insulte Angéla Merkel en lui intimant de « la fermer », Montebourg l'accuse de « faire du Bismarck », jouant sur la germanophobie. La France joue à accuser l'Allemagne des pires duretés, par exemple lors de la crise financière de la Grèce, alors qu'elle est le premier pays contributeur financier de l'UE… donc de l'aide donnée à la Grèce ! Nous ne sommes pas à un paradoxe près.

L'Allemagne a montré la voie de la générosité envers les migrants syriens alors que l'UE restait muette. En revanche les autres dirigeants européens étaient présents pour verser des larmes de crocodiles à la photo d'un enfant mort.

C'est du cynisme à l'état brut.

Dans le fond, les tensions et jalousies sont déjà exacerbées, il ne manque qu'une étincelle. La France s'enfoncerait dans la crise économique, perdrait des emplois. L'amertume croitrait face aux richesses et aux succès insolents du voisin. L'Allemagne connait le plein emploi tout en ayant réintégré sa population de l'ex Allemagne de l'Est, elle a maintenu son appareil productif et s'est engagée dans les énergies renouvelables. Elle avance trop bien.

La France désignerait l'Allemagne comme responsable de sa crise et de ses dettes. L'Allemagne s'éloignerait, reconstruisant un espace austro-hongrois fort, s'alliant avec les pays baltes.

Le divorce en marche.

Un incident éclaterait, soufflant sur les braises encore fumantes de notre lourd passé. Une nouvelle guerre Allemagne / France. Encore mondiale.

En Europe puis dans le monde ce serait le retour de la barbarie, du meurtre, du sang. Le retour de la méfiance permanente, de la vengeance, de la cruauté.

On finit par s'entre-tuer sans plus savoir pourquoi, par haine de l'autre et par peur pour soi. Déjà aujourd'hui les formations de tirs à armes à feu sont en croissance en France. La crainte augmente, les vendeurs de solutions radicales se frottent les mains…

Ce serait l'horreur absolue. La troisième guerre mondiale.

Une troisième déclinaison de ce scénario sanglant est la république française en péril. On peut imaginer une Europe bloquée, sclérosée, résistant vaille que vaille aux changements. Le repli.
Le peuple européen se recroquevillerait sur une vision passéiste. Tout se déliterait petit à petit autour de lui, discrètement, sans faire de bruit. Les hôpitaux ne seraient plus entretenus, les bactéries s'y développeraient, la mort y règnerait.
Les tribunaux n'arriveraient plus à traiter les dossiers qui s'amoncellent d'années en années, le système du plus fort réapparaitrait dans les rues. Les policiers n'auraient plus de véhicules performants, leurs équipements seraient obsolètes, l'ordre régresserait.
Les gouvernements assèneraient des formules flamboyantes « on vous comprend », « ça va s'améliorer », « nous protégerons la France », sans actions concrètes. La France sortirait de l'Europe des 28, des 27, des 8, des 4, se replierait sur elle-même, fermerait ses frontières, refuserait d'entendre le reste du monde qui bouge, poursuivrait son déclin.
Plus d'innovation, d'import/export, un vase clos prétendument protecteur qui deviendrait la source d'un profond retour en arrière : moins de tolérance, moins de richesse, moins d'espoir, la misère.

La république française en péril, c'est aussi le repli identitaire. Le chômage des jeunes des quartiers est élevé, les mariages mixtes régressent, la religion provoque de plus en plus la laïcité, les valeurs républicaines d'égalité hommes-femmes reculent dans certains lieux. Le vivre ensemble est grignoté d'année en année. Cela pourrait finir par une guerre civile. La violence encore, français contre français.

Des scénarii de sang et de douleur car le modèle capitaliste est malade.

2. La fin de l'espèce humaine décimée par la nature

Si on ne change rien, un autre scénario débouche sur l'extinction plus ample de l'espèce humaine entière.
Autrefois, les dinosaures régnaient en maîtres du monde. Ils dévoraient goulûment tout ce qui passait sous leur nez, rien ne pouvait leur résister. La planète leur appartenait. Puis ils ont disparu, brusquement. La même chose peut arriver à l'homme, aujourd'hui si puissant.

Que ce soit par l'apparition d'un nouveau virus mortel, un cataclysme naturel ou un changement profond de l'environnement auquel l'homme ne parviendrait pas à s'adapter, l'Homme disparaitrait. Comme l'irruption de la peste noire qui sévit à partir de 1350. Elle réduisit la population européenne d'environ 40%, soit 25 millions de personnes décimées ! Comme le virus Ebola en Afrique de l'ouest en 2014.

A force de pesticides et de rejets chimiques dans le sol, la mer, les rivières, toutes nos ressources alimentaires pourraient être irrémédiablement polluées. Ce qui pousserait serait dès lors empoisonné, pour l'homme comme pour les animaux. Sans herbe à manger, les animaux mourraient. Sans viande à manger, nous deviendrions végétariens. Mais les plantes elles-mêmes étant souillées, nous mourrions de faim ; ou de soif, avec des nappes phréatiques polluées. Ne resterait qu'un désert immense et toxique. Plus d'écosystème favorable à l'homme.

Ou il pourrait se produire une réaction chimique qui transformerait la composition de l'atmosphère à force de pollutions atmosphériques et de gaz à effet de serre. L'air deviendrait irrespirable. Nous mourrions asphyxiés.

Ou l'arrivée d'ouragans géants, quotidiens, dévastant tout sur leur passage. La biologie de la planète deviendrait si perturbée et incontrôlable qu'elle causerait des destructions massives d'usines arrachées par le vent, de champs ravagés, de forêts anéanties. Les hommes se terreraient petit à petit dans des cavernes, la famine règnerait jusqu'à les décimer.

Retour au commencement. Sans l'homme.

Bill Gates lui-même, loin d'être un illuminé, s'est entouré d'éminents conseillers avant d'alerter les dirigeants mondiaux sur le risque d'une pandémie globale émanant de la nature ou d'attaques terroristes. Cela pourrait tuer 30 millions de personnes par an.

A force de modifier l'équilibre des éléments et la biodiversité, nous pouvons déclencher des dérèglements majeurs et être à l'aube d'une catastrophe humanitaire.

L'Europe de l'équilibre environnemental suffira-t-elle à éviter ces bouleversements ?
Sera-t-elle suivie par d'autres sur ce chemin, comme l'Amérique du sud ou l'Afrique ?
Impossible à dire.

3. Une population mondiale décérébrée conduite par des conglomérats financiers

Dans ce troisième scénario, la masse mondiale a évolué. Elle parle un anglais rudimentaire et regarde les écrans en continu. Doté d'un revenu minimum, chaque individu vit scotché devant son poste ou sa tablette, hypnotisé par des émissions grotesques et bêtifiantes, allant faire du sport quand c'est l'heure, allant acheter la dernière mode quand elle sort. La population devient une sorte de magma informe, flasque, guidé par un système supérieur restreint, une baronnie de « superpuissants ».

La concentration de la richesse et la culture au sein d'un petit nombre est déjà en marche. La réforme du collège a supprimé les classes euro et baisse d'1/3 les classes bi-langues[37], l'éducation nationale recommande aux professeurs de « noter large » au bac pour que tous les élèves passent, un élève coûtant 11.600€/an.

---

[37] Chiffres de la rentrée 2016

La jeunesse a de moins en moins de chances de grimper l'échelle sociale car elle est éduquée et formatée pour rester mouton. Le bac pour tous, nivelé par le bas, donne l'illusion de réussite pour mieux asservir la masse. La puissance des technologies fait le reste, les berçant dans un confort ludique et infantilisant. L'idéologie politique gouverne sur le savoir de la jeunesse.

Cette concentration du pouvoir se retrouve aussi au niveau mondial. Le cercle élitiste aux commandes peut agir de façon absurde, personne ne cille. L'endoctrinement s'est renforcé, endormant l'esprit critique si cher à Socrate.
Le conseil des Droits de l'Homme de l'ONU a intégré en 2013 la Chine, l'Arabie Saoudite et Cuba. Une hérésie.
La Chine où 120 tibétains se sont immolés depuis 2009 pour lutter contre la destruction de leur patrimoine culturel ?
L'Arabie saoudite qui arrête, torture et décapite des individus sans forme de procès ? Cuba qui emprisonne ou passe à tabac ses opposants politiques ?
On parle pourtant des Droits de l'Homme...

Ce cauchemar où le *juste* ne signifie plus rien est en passe de devenir réalité : des bourreaux siègent à la table des Droits de l'Homme. Ils représentent de moins en moins l'éthique. Les citoyens du monde sont pris pour des poissons rouges sans cervelle, qui tournent en rond dans un bocal et gobent les informations qui leur parviennent.
Comme George Orwell l'écrivait dès 1940 en précurseur dans « 1984 », c'est un monde gouverné par des dirigeants invisibles, espionnant les habitants, capables de réécrire le passé pour qu'il corrobore leur vision. La

population devient vassale. La propagande sur l'illusion du bien-vivre via un revenu universel et une pseudo éducation fonctionne à plein tube.

C'est en réalité un monde totalitaire déguisé sous les traits bienveillants du bonheur pour tous et de l'égalitarisme.

A chacun d'aiguiser son libre arbitre, d'oser les questions qui dérangent. Cet avenir est machiavélique. Comme le dit avec humour B. Cyriulnik : « Soyons des turlupins. Posons les questions qui turlupinent. »

4. La société du cool, photo figée couleur sépia

Dernier scénario du pire, celui des amis. C'est le monde en plaqué or que nous promet Facebook. En apparence tout est bien, mais en une seule génération c'est un ensemble qui se fissure puis se fracasse pour laisser place aux scénarios précédents.

On est tous potes, toi, moi, Paul et les autres. Au quotidien, pour aller acheter le pain, on se sms « rendez-vous chez le boulanger ». En sortant des courses, on se sms « RDV au café ». Après le travail, on se téléphone pour un apéro. En vacances, on part avec son clan. Une seule maxime en vigueur : la « coolitude ».
On laisse glisser les sujets de divergences. On ne se confronte plus, on rit facilement, de tout, de rien, on est léger. C'est une insouciance choisie. On ne remet plus en question le modèle. On s'abstient de creuser les

points de vue, ce monde n'est pas un monde polémique. On évite soigneusement les conflits. C'est un monde consensuel.

On aime un artiste sur Internet ? On le finance par le micro-don et il produit son album. On aime un divertissement ? Immédiatement on le partage sur les réseaux sociaux et devient un « hit ». Chacun est acteur du quotidien de l'autre, paisiblement, fraternellement dans une vague positive. Tout le monde est mou, content de soi, satisfait de son voisin. Le monde lisse. La vie zen.
On reste « cool » quoi qu'il advienne. On fait confiance à la vie. Au boulot, on ne résout plus les difficultés au fil de l'eau, on les laisse s'effacer, on « perd » peut-être du temps sur des sujets mais la priorité est de ne JAMAIS se crisper.

Et pourquoi pas après tout ?

Est-ce une perte de temps que de laisser les choses se faire plutôt que de les prendre à bras le corps, au risque de brusquer des habitudes ? Au lieu de s'activer dans tous les sens pour « conclure des dossiers » ?
On préfère temporiser. On effleure les dossiers sensibles, on échange approximativement sans pointer le nœud du problème, on attend, on laisse couler. Les blocages finissent un jour ou l'autre par se résoudre, soit parce qu'ils évoluent naturellement, soit parce que quelqu'un change d'avis et le problème disparaît ; bref, le temps joue pour nous.

Il y a des bons côtés : moins de stress au travail, des relations sociales apaisées, un retour à l'humain face à la performance, l'intelligence collective, un sentiment de fraternité planétaire.

Le premier écueil du modèle est de savoir si un tel monde peut durer. Sans ambition, sans moteur autre que la pacification des relations, quelle société se dessinera au fil des ans ? On peut imaginer que la richesse perdure au début, puis diminue petit à petit, car l'effort individuel diminue. Moins de biens produits, moins de défis relevés, moins d'innovation. Les autres pays, eux, avancent et se développent... Mécaniquement, nous resterions figés à une époque perçue comme idéale.
Un pays endormi, comme dans la belle au Bois dormant, autour duquel les ronces pousseraient. Une société idyllique, peut-être profondément idyllique... mais pour combien de temps ?

Le deuxième écueil de ce modèle est la montée de l'intolérance. Y-a-t-il une place pour la différence dans ce monde douillet ? Que devient l'authenticité ? Que devient la liberté d'expression dans une société polie et sans conflit. Elle n'aurait plus qu'à être bâillonnée.

Au final, ce monde doré serait (peut-être) merveilleux pour une génération, puis s'étiolerait, dérivant vers un des modèles vus précédemment, l'asservissement à une oligarchie ou la violence.

<u>Synthèse</u>

Le pire n'est jamais certain. Le passage à l'équilibre environnemental au sein de l'Europe resserrée est un projet concret pour changer de voie. Il présente un nouvel avenir, sans angélisme, avec pragmatisme et effort, où l'environnement et le vivant sont les références.

Face au réveil de la Chine, à l'instabilité du Moyen Orient, à la montée des hommes politiques durs (Poutine, Trump, Erdogan), à l'effondrement de l'UE (Brexit, crise grecque, crise des migrants), l'AER est une solution d'avenir.
C'est un espace commun, cohérent et durable. Ce projet est humaniste et ambitieux. Finis les faux-semblants d'union, il s'agit d'être réellement unis pour gagner de notre indépendance par rapport aux grandes puissances.
L'équilibre environnemental se fonde sur la responsabilité individuelle et la liberté d'expression pour réussir. Ce modèle exige du courage.
Le pouvoir de l'optimisme permet d'innover : c'est en croyant intimement que demain sera meilleur que nous le construirons.

CHAPITRE 2 : Le meilleur

Ce projet est atteignable, nous pouvons tout faire avec notre détermination. Nous pouvons déployer notre force autour de cette vision de société.

Voici quatre exemples qui prouvent combien l'homme est beau et capable de l'impossible.

1. François Gabart, jeune marin de 30 ans

Le Vendée Globe est une course en voilier, en solitaire, sans escale et sans assistance. La toute dernière édition se déroule au moment où j'écris ces dernières lignes, en décembre 2016.
Chaque marin qui y participe fait le tour du monde, sans arrêt ni recours en cas de casse. Un véritable challenge. François Gabart a remporté l'édition 2012-2013. En l'écoutant raconter son aventure, on découvre un jeune homme désarmant d'humilité.
Imaginez un peu. Des heures de travail pour s'entraîner, participer à la construction de bateaux puissants comme des Formule 1. Des ingénieurs qui innovent dans le suivi par satellite, les calculs météorologiques, la conception des voiles, l'optimisation du bateau pour obtenir LA course parfaite, l'expérience ultime. C'est un travail d'équipe, d'experts.
Durant toute la phase de préparation de la course, un élan formidable se déploie vers un seul but commun : gagner le Vendée Globe, une compétition de prestige qui a lieu seulement tous les quatre ans. Autant d'ingénieurs, d'architectes, d'ouvriers, d'informaticiens qui participent à ces moments de dépassement. Après

le tumulte préparatoire, ce jeune marin part seul braver les océans, les tempêtes, affronter les décisions difficiles, la fatigue, le manque de sommeil, le danger permanent - particulièrement la nuit (cargos, icebergs, ofnis[38], casse).

Une fois l'ampleur de l'aventure perçue, écoutez-le en interview, goûtez ses paroles mesurées, pleines de bon sens.

« On s'adapte en permanence à la météo. On dort dans la journée, parfois 10 minutes, parfois 1h quand on a de la chance. Je n'ai pas célébré Noël en mer parce que je suis dans une course, une compétition. Je souhaite garder ma concentration car il peut y avoir un incident en quelques secondes. De plus, Noël est un moment de partage, et j'étais tout seul sur le bateau. »
Seul en mer à tout juste 30 ans, quelle sérénité tournée vers un seul objectif, un objectif de succès collectif. Quelle simplicité dans ses propos quand on sait le travail colossal caché derrière. C'est un exemple qui force l'admiration.
L'Homme peut déplacer des montagnes… tout comme nous pouvons créer l'AER.

« Homme libre toujours tu chériras la mer » écrivait Baudelaire. La mer fait rêver par son immensité, François Gabart nous fait rêver par son courage, sa fraîcheur, sa gentillesse et son esprit d'équipe. C'est ça aussi l'humain : des hommes d'exceptions, discrets, qui caressent les étoiles.

---

[38] En mer, Objets Flottant Non Identifiés

2. Le peuple américain élit un président noir

Élu président des États-Unis pour la première fois en 2009, Barack Obama est le premier homme noir à prendre la tête du pays le plus puissant du monde. Qui aurait pu imaginer cela, alors que les premiers africains arrivés sur le continent américain étaient des esclaves ? Ils ont subi humiliations, viols, exploitation, leurs familles ont été déchirées. Ils ont subi la ségrégation raciale, le Ku Klux Klan, la violence sociale, les ghettos et la drogue.

Pourtant c'est bien ce même peuple américain à majorité blanche qui, après avoir méprisé et maltraité cette communauté, a élu démocratiquement un homme noir à la tête de son pays.

Les américains ont prouvé au monde que tout évolue. Tout est possible. C'est une formidable émulation pour croire à l'utopie. Le futur n'est pas invariablement le reflet du passé. Alors que l'esclavage y a sévi durant 150 ans, les mentalités ont évolué progressivement. Les postulats se sont inversés. Leur président, depuis élu avec un 2ème mandat en 2012, représente ce qu'ils ont haï un jour plus que tout. Il est désormais porté au poste de plus haut dignitaire du pays.

L'ancien temps est révolu. Qu'importe l'orientation politique de Barack Obama, l'homme symbolise le rêve de Martin Luther King « I have a dream » devenu réalité, celui d'une nation unie autour de la démocratie, du respect de la loi, de la liberté d'expression et d'entreprendre pour tous, quelle que soit la couleur de

peau. Oprah Winfrey est une des personnalités les plus influentes aux États-Unis.
C'est magique.
Même si du racisme perdure dans certains états, Barack Obama a été élu à deux reprises démocratiquement par le peuple.

Ce rêve s'est accompli par la voix des citoyens, prouvant aux défaitistes qu'un rêve n'est jamais confiné à un cercle d'idéalistes. Il se réalise quand le moment est venu.

3. Les révolutions arabes

Là encore, le changement a émergé du peuple. C'est un mouvement d'émancipation extraordinaire qui a surpris tous les observateurs : politiques, journalistes, experts. Cette volonté collective de démocratie et de justice a été bouleversante.

Tout a démarré en Tunisie avec Internet et les réseaux sociaux qui ont servi de haut-parleur à la jeunesse. La population a parlé des souffrances étouffées, puis le mouvement s'est rapidement étendu. Les gens se sont reconnus autour de cette injustice. La parole a été libérée.
Une invention technologique de l'homme (internet) a permis de fédérer en un instant des hommes et des femmes qui ne se connaissaient pas, qui n'habitaient pas à proximité, qui ne s'étaient même jamais rencontrés, face à un oppresseur commun. Encore un rêve devenu réalité.

Renverser un pouvoir corrompu, répressif et dictatorial par la seule force d'une population unie dans un destin commun, provoquant finalement la fuite du président Ben Ali en Arabie Saoudite. Notre gouvernement n'a pas aidé ce mouvement, surtout pas madame Alliot-Marie, alors ministre des Affaires étrangères qui a proposé d'envoyer des forces pour rétablir l'ordre ! Triste lecture de la politique internationale qui soutient la dictature face au peuple…

Même si l'on ne sait pas, aujourd'hui, ce qui émergera réellement de ces révolutions à moyen terme, même si les risques de récupération et de recul démocratique sont grands, c'est un évènement historique puissant. Une brèche. Du jamais vu. Un souffle de changement. Le chemin sera encore long vers la démocratie, mais la volonté du peuple est là, pugnace. Le pouvoir résiste plus ou moins frontalement selon les pays arabes « contaminés par ce vent de liberté ». Dans tous les cas, ces révolutions marqueront la capacité de citoyens isolés à s'associer pour renverser un gouvernement.

La voix des hommes qui résonne au cœur de la politique pour provoquer le changement. L'AER c'est la même chose, l'espoir d'un autre vivre ensemble, plus respectueux de la nature et l'humain.

4. Japon : les vétérans du nucléaire

Des retraités japonais, apprenant l'incident de Fukushima, se sont mobilisés spontanément pour colmater les fissures de la centrale qui laissaient échapper de la radioactivité. Ils ont affronté les risques de radiation, guidés par leur seul sens du devoir et de l'honneur. Ils ont choisi volontairement d'intervenir pour protéger leur pays et leurs collègues plus jeunes. Ils ont estimé que leurs vies étaient derrière eux et qu'il était de leur responsabilité d'épargner la jeunesse.

Ils ont été 700 à proposer de se sacrifier pour résoudre l'urgence nucléaire. Mobilisés spontanément pour résoudre un drame, pour une noble cause, plus haute qu'eux. Estimant qu'ils possédaient les compétences adéquates et que leur vie était déjà bien réalisée, ils ont décidé d'intervenir plutôt que de laisser une génération plus jeune risquer sa vie pour stopper l'accident nucléaire.

Quel exemple d'altruisme ! Quel sens de la responsabilité collective.

<u>Synthèse</u>

Ces 4 exemples, François Gabart, Barack Obama, les révolutions arabes, les vétérans japonais, c'est l'Homme dans toute sa dimension, c'est nous, c'est vous, c'est moi. Ce n'est pas l'Homme destructeur capable du pire, mais l'Homme intelligent et généreux, capable du meilleur.
On oublie parfois la grandeur de l'homme, sa grâce et sa tendresse. Les informations se nourrissent plus souvent de drames que de belles actions. Il n'en reste pas moins que le rêve est accessible si l'on reprend espoir.
Changer l'Europe ensemble est possible.

CONCLUSION GENERALE

La Terre nous a fait naître, pourtant nous jouons quotidiennement aux magiciens pour obtenir toujours plus. Nous avons créé pêle-mêle la bombe nucléaire, le clonage, les OGM, la pollution, renforcé le réchauffement climatique à force d'industrialisation, détruit des forêts primaires, affaibli la biodiversité, développé la maltraitance animale. La liste des méfaits s'allonge d'année en année, comme un parchemin interminable qui se déroulerait à nos pieds.
Nous devenons des monstres. Nos comportements sont devenus égoïstes, tels des vampires aspirant la sève des vivants jusqu'à ce que mort s'en suive. Voulons-nous en arriver là avec la planète qui nous donne pourtant tout : l'eau, la terre, la vie ?

Ce décrochage entre l'homme contemporain et la nature s'est amplifié à une vitesse effarante. Entre le début du XXème siècle et aujourd'hui, les consommations de viande, de céréales, d'énergie ont grimpé en flèche, que ce soit en Chine, Inde, Moyen-Orient, Amérique du Sud. Comme l'Europe avant eux, sans état d'âme, ils se sont mis à puiser des ressources, encore et encore, sans retenue. Tout ensemble, nous la faisons crever.

Quant à L'Union Européenne, elle est en échec sur la crise des migrants, la lutte contre le terrorisme, la fiscalité commune, la crise financière grecque, la transition énergétique. Pas de ligne commune, pas d'ambition collective. Le résultat est un conglomérat inaudible sur la scène internationale, impuissant à construire un avenir durable à 28. Ce n'est qu'un marché.

Le monde actuel s'est accéléré, il n'existe plus de limites à la spéculation financière, la chimie, l'électronique. Le bonheur, quant à lui, est de moins en moins au rendez-vous… sans que l'on remette pour autant le modèle de société en question.

Or la planète endure, crie et s'appauvrit.
Peut-on poursuivre cette course en avant vers le précipice, cette quête de croissance et de consommation insatiable ? La famille, l'éthique, le multigénérationnel, la solidarité sont mis à mal dans les sociétés développées. On observe une perte de sens.

Lors d'un voyage au Pérou, j'ai découvert l'expression « Pachamamma » qui est très juste. Elle évoque la Terre nourricière, la maman de l'humanité, la Terre que l'on respecte, qui nous nourrit et que l'on préserve en retour. Un équilibre entre l'homme et la nature, une harmonie… c'est en d'autres termes l'équilibre environnemental.

Cet ouvrage dit non au fatalisme. D'autres voies sont possibles.
Nous sommes tous acteurs, nous pouvons cesser cette course en avant.

Ma réflexion part de l'idée que notre époque du tout accessible et du jetable touche à sa fin, que nos hommes politiques ont produit l'effondrement du système et que la crise économique, environnementale et morale que nous traversons est une opportunité de changement.

Changer de modèle maintenant, c'est d'abord percevoir l'urgence de ce changement.

La vision que je propose repose sur une évolution en profondeur, culturelle et économique. Équilibrer notre mode de vie, donner une place de choix à l'environnement et à l'être humain, mieux vivre ensemble dans un espace européen soudé, plus restreint, c'est un projet de longue haleine.
Il surgit à ce moment de l'Histoire où le changement est devenu inévitable.

Faisons de l'Europe un ensemble plus modeste, sobre en énergie, respectueux de la nature et de l'homme. Une Europe de huit pays environ car c'est ensemble que nous serons assez forts pour créer un modèle singulier. En créant une Alliance Europe Resserrée (AER), nous nous engageons vers un espace démocratique, écologique, humaniste et prospère avec 292 millions d'habitants.
L'environnement y est au cœur des décisions, c'est la vision qui nous unit. Cet enjeu guide nos choix, nos réformes, nos arbitrages. L'environnement possède une valeur cardinale dans la durée ; il préserve les générations futures.

Faisons-nous confiance les uns les autres, valorisons le bon sens et le durable dans nos actes. La clé du changement est en chacun de nous. L'AER se dessine devant nos yeux.